LUCHAS Y COMBATES POR CUBA
POR CUBA
(MEMORIAS)

COLECCIÓN CUBA Y SUS JUECES

EDICIONES UNIVERSAL, Miami, Florida, 2001

JOSÉ ENRIQUE DAUSÁ

LUCHAS Y COMBATES POR CUBA
POR CUBA
(MEMORIAS)

EDICIONES UNIVERSAL

Primera edición, 2001

EDICIONES UNIVERSAL
P.O. Box 450353 (Shenandoah Station)
Miami, FL 33245-0353. USA
Tel: (305) 642-3234   Fax: (305) 642-7978
e-mail: ediciones@ediciones.com
http://www.ediciones.com

Library of Congress Catalog Card No.: 2001012345
I.S.B.N.: 0-89729-951-5

Composición de textos: Raquel Uset
Diseño de la cubierta: Luis García Fresquet.

Foto del autor en la cubierta posterior: C.W. Griffin
Del libro *Miami in Our Own Words* de The Miami Herald
Edición de Nancy Ancrum y Rich Bard.

ÍNDICE

Dedico este libro a todos los combatientes que han luchado y luchan por la libertad de nuestra patria y especialmente a los que ofrendaron su vida en esta lid.

PRÓLOGO

Alberto Beguiristaín

Hace cuarenta y dos años que comenzó nuestra Lucha y aún no ha terminado. Tenemos frescas las heridas recibidas a lo largo de estos años. Nuestra memoria mantiene latente lo que personalmente se ha sufrido y el sufrimiento del pueblo cubano. Los años nos lucen cortos, desde la perspectiva de que no hemos olvidado. Las heridas no han cerrado, y hay veces que pienso que, más sangre hay en los buches de sangre, que hemos tenido que tragar, en estos cuarenta y dos años, que la que se derrama por decenas de miles que aún se asesinan por la tiranía.

Tantos falsos aliados, tantos falsos amigos, tantos gobernantes que se llaman demócratas que nos han dado la espalda, y la impunidad del enemigo merodeando, prostituyendo, esclavizando y tiranizando a nuestro pueblo.

La indiferencia del mundo.

Hace cuarenta y dos años que comenzó nuestra lucha y no ha terminado.

Aún tenemos frescas las heridas recibidas y nuestra memoria no nos falla. Por lo que hemos sufrido en estos largos años, es que nos lucen cortos. Nos lucen cortos, pues las heridas no han cerrado y están latentes, por tantas traiciones, por tantos falsos amigos y la impunidad del enemigo, merodeando para seguir degollando la causa de una Cuba Libre. Se me ha pedido que le haga un prólogo al libro del Dr. José Enrique Dausá.

Como ya se habrán dado cuenta, no soy escritor, pero, si para hacer un prólogo a un libro de esta importancia patriótica, basta con ser testigo, entonces si puedo hacer el prólogo.

Este magnífico libro, relata una de las tantas fases, de la lucha que aún se lleva, en el empeño de liberar a Cuba de la tiranía Castrista.

Hay decenas de libros, que contienen narraciones, de las experiencias que hemos tenidos los luchadores anti-castristas. Todos estamos de acuerdo, de que estos documentos de lo sucedido, en la lucha contra la tiranía que hoy hay en Cuba, son de gran importancia histórica.

Por eso, la exactitud y limpiezas del relato del libro de José Enrique Dausá, lo hacen un tesoro para la historia de la Patria.

El Dr. Dausá, desde muy temprano en la dictadura, se da cuenta de la gran falacia que eran los pronunciamientos de justicia, proclamados por el régimen. Intervino como abogado laboral, que era, en los primeros juicios revolucionarios. Reconoció que todo lo que ese régimen proclamaba, se apartaba de la verdad, y como hombre de principios que es, se enfrenta a la dictadura, arriesgando su vida mil veces.

Los atropellos que diariamente comenzaron a cometerse contra la población, y que son las bases, para el terror con que hoy se somete a nuestro pueblo, lo trataban de justificar, con lo que llamaron «justicia revolucionaria».

La «justicia revolucionaria» comenzó con el fusilamiento de los miembros del Ejercito Nacional de Cuba, y continuó, con la persecución contra muchos de los miembros del gobierno de Batista, después se desató la persecución contra los propietarios, vino la reforma Agraria, la reforma Urbana, el cambio de la moneda, las confiscaciones de propiedades, la persecución religiosa, expulsando a miles de sacerdotes y monjas del País, el cierre de los colegios y centros de estudios privados, etc.

Todo esto creó un desarraigo de la persona, de su ambiente normal de seguridad ciudadana, donde la ley se cumplía, donde los jueces funcionaban con independencia, donde existía el «Habeas Corpus» y no se podía detener al ciudadano sin causa justa. A los jueces que aún quedaban funcionando, se le coaccionaban a sentenciar. Se improvisaban jueces, y cualquier peludo era presidente de un tribunal, sin haber tenido preparación jurídica de ninguna clase, y muchas veces sin haber ido a una escuela jamás. Estos eran los que mas fusilamientos ordenaban.

Esto convertía al ciudadano, en un ser inseguro, asustado por su seguridad personal y sin recursos para defenderse.

Lo primero era, para el nuevo sistema que se implantaba, y la base con la que todos los desmanes se justificaban, lo que llamaron «la revolución» y después, los intereses de «la revolución» y por encima de todos los derechos, «la revolución»; la persona no valía nada, podía ser encarcelada, destruida, fusilada, asesinada, en su casa, en un solar yermo o un callejón, no importaba.

El famoso asesino Ernesto «che» Guevara en un discurso pronunciado en el campamento militar de Columbia (llamado por los fidelistas «ciudad libertad») y que fue publicado en la revista Verde Olivo dijo: «Los fusilamientos que estamos haciendo de los militares, no responden al posible deseo de venganza que pudiera tener el pueblo, sino a la necesidad que tiene la revolución, de eliminar a futuros posibles enemigos.»

Sólo en esa frase, se demostraba la clase de revolución, de régimen, que estaban implantado.

No importaba que estuvieran fusilando inocentes, y muchos menos le importaba el pueblo, tuviera o no deseos de venganzas. Para ellos era, el establecimiento del terror, lo que importaba.

En este ambiente de terror, surgió el Dr. José Enrique Dausá, junto a un pueblo, que lleno de coraje y valentía, le dijo NO a la revolución castrista y la combatió, antes, durante y después de la famosa Bahía de Cochinos y aún hoy la combate.

Muchos han muerto, pero hay muchos sobrevivientes que aún erguidos le dicen No a la revolución. Hay nuevas generaciones que se unen a estas luchas, aquí en el destierro y en la oposición dentro de Cuba y le dicen NO a la revolución y a la tiranía.

Los espíritus de José Martí, Campos (Campito), Margarito Lanzaflores Ramírez, («Chijo», el negro Tondique), Rogelio González Corzo (Francisco), Fundora, Antonio Díaz Pou, Armando Cañizares, Benjamín de la Torre, etc. etc. etc..... miles y miles que han sido asesinados y muertos en combate, que hacen importante para las nuevas generaciones, que se sepa de esta lucha.

Para que los jóvenes sepan, que si se quiere vivir con la frente en alto y en libertad, no se puede transigir con los tiranos.

Con este libro se está mandando un mensaje a todos los cubanos y es que «BASTA YA DE CONTEMPLACIONES», la Patria sólo será verdaderamente Libre cuando se termine el ambiente de las «transiciones» que son traiciones, de «los pasos calibrados», que son traiciones, y de tantas otras monsergas que se han oído en los últimos años.

No se pueden dejar impunes tantos crímenes y el único camino es barrer y eliminar «la basura» que tiraniza hoy a Cuba.

Hace cuarenta y dos años que comenzó nuestra Lucha y aun no ha terminado.

Mas que nunca están abiertas nuestras heridas, y ante tantas traiciones, mas que nunca determinados estamos en redimir nuestra Patria.

I

ANTECEDENTES

Eran las 04:00 horas. 4 de la madrugada del día 1° de Enero de 1959. El teléfono de mi casa comenzó a sonar insistentemente. Me desperté y contesté. Una voz amiga en forma anhelante me informó que el presidente Fulgencio Batista había abandonado el Gobierno y que había huido del país en compañía de familiares y cercanos colaboradores. La noticia, todavía medio dormido, no me sorprendió pero me alteró y desperté completamente.

Sólo unas horas antes, se estaba festejando como tradicionalmente se hacía, la despedida del año viejo y la llegada del año nuevo. Por mi parte, lo había celebrado en mi club, Casino Español de La Habana. Las fiestas, al igual que en casi toda Cuba, se habían celebrado muy diferentes a las de años anteriores. El país se encontraba sumergido en una lucha fratricida que preocupaba hasta al que menos se preocupara. La violencia era noticia diaria. El crimen político, dolor de pueblo, se sucedía con frecuencia. La guerra civil se extendía inclemente en casi todo el territorio nacional. Las personas que salieron a celebrar la entrada del año nuevo se veían tristes y la alegría, que era parte esencial del cubano, padecía esa noche de una escasez notable. Esa noche, mucha gente se retiró temprano a sus casas en señal evidente del duelo nacional que se vivía.

Después de la llamada, me entró la curiosidad de saber qué estaría pasando en esos momentos. Instintivamente me asomé a la terraza de mi casa, como queriendo ver, saber qué estaría sucediendo. Lamentablemente, poco podía ver. Yo vivía en el Reparto Club Náutico de

Marianao. Este lugar, en la costa, bastante apartado del centro de La Habana, era una comunidad completamente cercada, en cuya entrada había una garita con un guardia privado. Para poder entrar al reparto se necesitaba un permiso por alguno de los residentes. Claro, ¿qué podía estar pasando en este lugar? Nada. Sólo me llamó la atención que frente a mi casa, parqueado en la calle había un automóvil desconocido. Reaccioné. Me di cuenta que no podía averiguar nada y volví a tratar de dormirme.

Cuando desperté comencé a oír las noticias que la radio y la televisión estaban transmitiendo. Después la prensa. Las noticias llenaban todos los medios: Batista había huido del país. Miembros de su Gobierno y otras autoridades lo siguieron. El pueblo se lanzó a la calle. La caza de batistianos se volvió un espectáculo. Rumores de un Gobierno Provisional. La petición de dirigentes del Movimiento 26 de Julio y otras organizaciones revolucionarias al pueblo para que se mantuviera la calma y permaneciera en sus casas. Líderes o presuntos líderes eran entrevistados por los medios publicitarios. Comenzaron a tomar posiciones y a dar órdenes para mantener a la ciudadanía tranquila. Un alto oficial del ejército de Batista se mencionó como Presidente de una Junta de Gobierno. Después se dijo que un Magistrado del Tribunal Supremo de Justicia había sido nombrado Presidente Provisional. Todas estas noticias y rumores quedaron silenciados y desmentidos cuando, en declaraciones públicas, se pronunció la voz del líder insurrecto Fidel Castro Ruz. Habló desde la ciudad de Santiago de Cuba que designó como la nueva capital de la República. Nombró enseguida el nuevo Gobierno, con poderes desde luego, emanados del ejército revolucionario de Castro. Este gobierno denominado Gobierno Provisional estaba presidido por el Dr. Manuel Urrutia y tenía como Primer Ministro al Dr. José Miró Cardona. A continuación, el Ejército Rebelde encabezado por Fidel emprendió una jornada que los llevó desde Santiago de Cuba hasta La Habana. El viaje se hizo por carretera y la caravana se detenía en lugares escogidos por Castro. Este fue un show montado para arrastrar al pueblo en una demostración de apoyo a esos revolucionarios. Así intimidaba a cualquier oposición y consolidaba la posibilidad del control de las instituciones que de inmediato puso en marcha. Casi todo el pueblo de Cuba admitió esa autoridad impuesta de forma sinuosa.

Una gran mayoría de cubanos pensó que la nueva dirigencia del país inspirada por una juventud pujante e idealista pudiera ser la respuesta para que un gobierno funcionara honestamente, terminando la corrupción administrativa. Eso sería la salvación y solución de los problemas políticos que habían inundado la República en los breves años de su existencia. Los proclamados salvadores de Cuba, formado esencialmente por una juventud revolucionaria, auguraban para el país, felicidad, prosperidad, libertad y un bienestar permanente para el pueblo. Casi nadie pudo predecir que se estaba sembrando una semilla que una vez prendida en la tierra, al germinar, iba a producir un gobierno tirano, lleno de odios, sangre y sufrimientos para una gran parte de los cubanos. El dolor y la agonía de nuestro pueblo, que ha durado más de 40 años, sobrepasa fácilmente las que han tenido otros pueblos en el orbe.

Una de las primeras y más grandes de las mentiras del régimen fue la de nombrar a un Gobierno Provisional que no tuvo, salvo raras excepciones, fuerza ejecutiva propia. Paralelo a ese ejecutivo provisional funcionaba la autoridad indiscutible de Fidel Castro y sus cercanos colaboradores. Esta situación se hizo evidente desde los primeros días en que los castristas ocuparon por la fuerza todas las instituciones de la nación. La constitución de los Tribunales de Guerra Populares, así como el nombramiento de los miembros que los constituyeron, fueron regulaciones emanadas de la autoridad paralela que realmente gobernaba. Los procedimientos mediante los cuales funcionaron también estaban dictaminados por los castristas. Denuncias, alegaciones sin base jurídica, hacían funcionar el procedimiento sumarísimo seguido de sentencias inmediatas. Las condenas a muerte por fusilamiento parecían ser el lema principal de esos tribunales. La imposición de largas condenas a cumplir en cárceles impropias serían dictadas comúnmente. Las apelaciones eran inoperantes. El baño de sangre producido por las sentencias condenatorias y las ilegalidades producidas en los procedimientos hicieron que una gran cantidad de cubanos protestaran. A esto se unió la opinión internacional que pedía se acabaran y dieran por terminados esos juicios. Las estaciones de televisión y radio, la prensa y en general todos los medios publicitarios se encargaron de recoger y transmitir las imágenes, así como relatar la historia de esos procedimientos revolucionarios. Muchos de esos hechos al hacerse públicos llevaban un mensaje de autoridad indiscutible de la nueva fuerza. Se violaron las más elementales reglas de los derechos humanos alegando una revancha inhumana.

Nuevas leyes fueron promulgadas llevando todas el sello autoritario de los jerarcas castristas. El Instituto de Reforma Agraria, con la Ley de Reforma Agraria; la Ley de Reforma Urbana; la creación del Ministerio de Recuperación de Bienes y los procedimientos establecidos para su funcionamiento; y otras que conjuntamente señalaban la agenda fidelista de autoridad totalitaria. Como todas estas leyes estaban impuestas por ese gobierno paralelo que lidereaba Fidel, la confrontación con el Gobierno Provisional designado al comienzo de la revolución no se hizo esperar. Bajo las premisas de que los miembros de ese ejecutivo protestaban constantemente de la injerencia comunista en los asuntos de gobierno, se presentaron renuncias por parte del Presidente Urrutia y de su Primer Ministro, Miró Cardona. El Presidente que se nombró en sustitución de Urrutia fue el Dr. Osvaldo Dorticós Torrado. Como Primer Ministro, y a petición del pueblo, se designó a Fidel Castro. Dorticós era un Abogado que ejercía en la ciudad de Cienfuegos, donde se había destacado como miembro y representando al Partido Comunista. Estos cambios consolidaron en el poder al mando paralelo que funcionaba con la pantalla del ejecutivo inicial. Los procedimientos de intervenciones y confiscaciones de empresas privadas relacionadas o no con el gobierno de Batista empezaron a realizarse de inmediato. En este proceso se apoderaron de todas las empresas, industrias, negocios nacionales y extranjeros. Después cayeron las propiedades inmuebles, casas, edificios, fincas y tierras cultivadas o vacías. Dicho proceso de confiscación no terminó hasta que el dictador logró apoderarse de todas las instituciones públicas y privadas existentes. Un solo dueño; un solo propietario. Un solo amo. Ese era e iba a ser el gobierno fidelocomunista que nos había regalado la revolución castrista.

Actividad profesional

Cuando todo este panorama iba haciéndose realidad, yo ejercía mi profesión de Abogado en la ciudad de La Habana. Especializado en Derecho Laboral y dedicado a tratar asuntos laborales como representante legal de patronos, de inmediato me vi mezclado en una difícil y trabajosa situación. Los conflictos laborales crecieron en forma agigantada, entorpeciendo la actividad regular en los centros de trabajo y retrasando la producción en toda la nación. Las denuncias producidas por sindicatos y por obreros y empleados en particular llenaron de expedientes las oficinas del Ministerio del Trabajo que casi trabajaba las 24 horas del día. A los patronos y administradores se les acusaba de abusos y maltratos; de haber pagado salarios miserables y de despidos injustos e ilegales. Cuando se celebraban las comparecencias citadas para el Ministerio del Trabajo, las alegaciones obreras por lo general se producían en forma violenta y alocada para impresionar el caso. Coacciones, amenazas e intentos de llevar a esos patronos a los Tribunales Revolucionarios eran peticiones comunes y diarias en estas comparecencias. Haber sido dueño, patrono o administrador de una empresa o negocio que tuviera empleados u obreros a sueldo o salario significaba un delito o una actitud contrarevolucionaria. En muchas oportunidades esos patronos, dueños o administradores fueron enviados a prisiones debido a denuncias realizadas por obreros, empleados o sindicatos. Muchas de esas denuncias mantenidas contra los patronos habían sido producidas por luchas internas en los sindicatos que producían paros laborales y los cuales el patrono tenía que resolver para evitar que el centro de trabajo dejara de producir, teniendo en muchas ocasiones que iniciar procedimientos de despidos. Estas luchas sindicales en los gremios se produjeron con frecuencia en los primeros meses de 1959, a inicios de la revolución.

Los enfrentamientos entre los dirigentes del 26 de Julio y los del partido comunista se puso candente de inmediato. Recuerdo un caso que se me presentó sin ganas de intervenir en él. Estando en el Ministerio del Trabajo se me acercó un líder sindical a quien conocía y que representaba a la sección sindical de un centro de trabajo del cual yo era abogado. Me pidió que quería contratar mis servicios como abogado para que representara a los obreros y al sindicato en una disputa de orden sindical. Ellos habían sido convocados para el Ministerio del Trabajo por una reclamación de un grupo de obreros de procedencia comunista que aspiraban a dominar, sin elecciones, la directiva de la sección sindical. El líder sindical amigo y sus seguidores eran miembros del 26 de Julio y rechazaban la participación comunista en la sección sindical. Los comunistas llevaban un abogado y ellos se sentían más respaldados si podían tener un abogado de su parte. La reunión se celebró en un local de las oficinas del Ministerio que pensé que antes se había utilizado para almacenar cosas y que había sido reparado y habilitado. Entramos y noté que el individuo que iba a presidir la reunión llevaba un uniforme de oficial del Ejército Rebelde con una estrella en los hombros. Era alto, de más de seis pies, delgado y de pelo rubio abundante, recogido detrás por una presilla. Hablaba un español fluente pero con acento extranjero pronunciado. Cuando iba a comenzar el acto, después de las presentaciones correspondientes, uno de los del grupo comunista se levantó y se acercó al oficial diciéndole que el abogado del grupo del 26 de Julio, era un abogado patronal y de la empresa donde trabajaban los obreros en disputa. El oficial se dirigió al líder del 26 de Julio y lo reprendió en forma desaforada y colérica. A mí me mandó a sacar custodiado por dos miembros del Ejército Rebelde que me pusieron en la puerta del Ministerio. Después me enteré que el oficial era de origen checo y que había sido designado en el Ministerio del Trabajo para resolver las reclamaciones entre obreros y empleados del 26 de Julio, y los comunistas.

El caso de Fresquito

La oficina de Abogados de Alvarez Fonts - Dausá y Menéndez Riera estaba localizada en el edificio del Retiro Odontológico, calle L casi esquina a la 23, en el Vedado. Yo manejaba los asuntos laborales, por lo que debido a esta especialización comenzaron a presentarse en nuestra oficina cantidad de casos sobre reclamaciones de ese tipo. Además, nuestra representación era exclusivamente de patronos. La clase patronal desde que se inició el nuevo gobierno fue declarada tácitamente enemiga de la revolución. Al inicio, algunos patronos que habían formado parte de las organizaciones oposicionistas al batistato, activamente o como colaboradores, pudieron escapar del ambiente de ataque que se respiraba. Pero pronto esta situación empezó a cambiar y aun los más allegados al nuevo régimen fueron siquitrillados.

Uno de los casos que recuerdo y que mejor describen esta situación fue el de uno de mis clientes: «Fresquito». Este centro de trabajo dedicado al negocio de congelación y envase de pescados y mariscos, que se vendían en el territorio nacional y se exportaban al extranjero, estaba localizado en la ciudad de Regla. Dos o tres años antes del fidelato, se había producido una huelga en la industria manejada por líderes comunistas que querían obtener el control de la sección sindical de dicho centro. Con motivo de esa huelga, el Presidente de «Fresquito», el Sr. Jesús Gutiérrez, solicitó de nuestro bufete se iniciara expediente de despido contra los obreros que en la fábrica estaban dirigiendo el paro. El procedimiento se realizó contra cuatro dirigentes comunistas. El despido fue decretado y la resolución fue procesada en todas sus instancias, en las cuales el despido fue ratificado. Los cuatro obreros despedidos consiguieron que un grupo de trabajadores activos se prestaran para presentar una denuncia contra el Sr. Gutiérrez. La denuncia se presentó en la estación de policía del pueblo de Regla. Gutiérrez me localizó por teléfono y me pidió que fuera a representarlo porque la situación le pareció peligrosa para su persona. Cuando me personé en la estación de policía y me identifiqué como abogado del Sr. Gutiérrez, me di cuenta que el problema era algo más que un asunto estrictamente legal. El Jefe de la estación de policía era un individuo que en el poco tiempo de sus funciones se había ganado el sobrenombre de «Venturita». Junto a él, y manejando todo el problema, estaba un Sargento del Ejército Rebelde, un barbudo, que decía haber venido con los rebeldes de la Sierra Maestra. Este sujeto era el que coaccionaba a todos los denunciantes para que violentamente alegaran sus demandas. Hubo un momento en que me indicó que yo también estaba sujeto a detención, ya que yo había sido el abogado que había instruido el expediente a los cuatro trabajadores despedidos. El policía de carpeta, perteneciente a la policía anterior, tuvo que cambiar el acta de denuncia más de cinco veces. Los obreros no querían firmarla y muchos de ellos se negaban a hacerlo. Al fin como a las 7 de la mañana, después de firmada el acta, mandaron a Gutiérrez detenido para la Cabaña como prisionero de guerra. A mí me dejaron ir después de acaloradas discusiones con el susodicho Sargento. Incidentes como éste y parecidos se sucedían diariamente. La confrontación con líderes obreros, funcionarios del gobierno y autoridades laborales se producían en forma bastante acalorada frecuentemente. Personalmente pasé por situaciones en las que me amenazaron con arrestarme o mandarme para la cárcel. Me salvó de esa posibilidad, la relación justa que siempre tuve con los elementos representativos de la clase obrera sin inclinarme a partido o ideología política alguna.

Coacción legal y confiscaciones

Además, la Ley de Reforma Agraria y la que creó el Ministerio de Recuperación de Bienes comenzarían a hacer sentir sus efectos. Una gran cantidad de instituciones privadas, la Asociación de Hacendados, la de Colonos, la de Industriales, Sindicatos, Colegios Profesionales, Clubes Sociales, fincas, en fin todo negocio de propiedad privada, medios de comunicación como radio, televisión y prensa, así como pequeñas empresas cuya propiedad pertenecía a una entidad o persona privada fueron objeto de expropiación o confiscación. El procedimiento se completaba con el nombramiento de un interventor designado por el Gobierno y la remoción completa de los elementos que dirigían o manejaban la empresa o propiedad. Todo esto desde luego, producía una posible reclamación por parte de los despojados que en muchas ocasiones eran amenazados con llevarlos ante los tribunales o los ponían encarcelados sin más trámite. Era una vulneración total de todo derecho alegable, sin posibilidad alguna de defensa o protesta.

En mi bufete de Abogado se presentó una empleada del Ministerio de Recuperación de Bienes, traía consigo una denuncia que me habían hecho en esa dependencia. Ella era la instructora e investigadora del expediente. La denuncia consistía en una carta anónima donde se me acusaba de que en mi trabajo como abogado laboral yo hacía arreglos financieros con el pasado Ministro del Trabajo, Dr. Suárez Rivas, afectando de esa manera los derechos de los obreros envueltos en algún procedimiento en que yo estuviera participando; que yo le preparaba a dicho señor orgías con mujeres y bebidas para obtener resoluciones favorables. Todo esto era una total mentira pero ellos mantenían abierto el expediente y si podían te metían preso o te molestaban de tal manera, que la solución más usada fue largarse fuera del país. Por suerte, después de molestarme durante un tiempo y no pudiendo probarme nada, me dejaron tranquilo.

El juicio de los aviadores

Yo era miembro de la Junta de Gobierno, del Colegio de Abogados de La Habana. Fui delegado en esa Junta por 9 años. Como a otras instituciones de Colegios Profesionales, los ataques por el Gobierno comenzaron bien temprano. Para ello usaron abogados pertenecientes o afiliados al partido comunista. Una de las discusiones más sonadas que se presentaron en el Colegio se produjo cuando se dictó sentencia en el famoso juicio de los pilotos del ejército de Batista. Estos pilotos fueron juzgados como criminales de guerra en la ciudad de Santiago de Cuba. Se constituyó un Tribunal de Guerra presidido por un comandante del Ejército Rebelde. La sentencia que dictó el Tribunal absolvió a los acusados por falta de pruebas convincentes. Fidel Castro rechazó violentamente la sentencia de absolución y ordenó que se procediera a realizar un nuevo juicio, formando otro Tribunal. Las protestas de los Colegios de Abogados locales y el Colegio Nacional se hicieron notar de inmediato. Una asamblea general de Abogados fue convocada al efecto. La decisión de Castro violaba flagrantemente una doctrina general del derecho reconocida mundialmente: «la excepción de la cosa juzgada». En la asamblea se discutió violenta y acaloradamente el problema. Como resultado de este incidente se decretó la intervención del Colegio por las autoridades revolucionarias. El Comandante que presidió el tribunal que juzgó a los aviadores se suicidó de un disparo en la cabeza. El castrismo asomaba claramente su forma totalitaria y autoritaria con que quería imponer sus mandos. Los que aplaudieron, los que apoyaron, los que admitieron esa decisión del gobierno son cómplices del proceso de opresión y sangre que vivió y que aún vive el pueblo de Cuba. Ahí quedó retratado el futuro de la nación. El Colegio de Abogados dignamente rechazó y se opuso al nuevo juicio decretado. Desgraciadamente esa actitud no fue respaldada ni seguida por otras organizaciones.

Las nuevas leyes y los nuevos procedimientos legales que empezaban a regir comenzaron a preocupar a muchos cubanos. Hubo críticas en todo el territorio nacional y en el mundo internacional. En juicios sumarios presididos por tribunales revolucionarios se juzgaron y condenaron a la pena de muerte a muchos ciudadanos que acusaban de ser criminales de guerra y contrarevolucionarios. El río de sangre desde la huida de Batista fue cuantioso y a toda vista escandaloso.

El gobierno fidelista después de haberse apoderado de todas las instituciones públicas y de las propiedades y bienes de los batistianos, comenzó el ataque contra todas las demás empresas existentes en el país. Las excusas iniciales fueron la colaboración o soporte al gobierno de Batista. Les nombraban contrarevolucionarios. Este concepto se amplió y la definición de contrarevolucionario abarcó a todo aquél que tenía una situación económica holgada o era dueño de una empresa privada que consideraban había maltratado o despojado de un salario digno a sus trabajadores. Las empresas extranjeras también comenzaron a caer en la clasificación mencionada. Para proceder contra una empresa se buscaba a un empleado, un obrero, o un socio resentido que produjera una denuncia ante una autoridad gubernamental. Esto se empleó en su fase inicial. Mas adelante, la intervención se decretaba de oficio. Enseguida se nombraba a un interventor. Si el patrono o patronos protestaban o se reviraban eran detenidos y enviados a prisión sin más recurso. El miedo comenzó a propagarse. La envidia hizo su aparición también. Los empresarios que no habían sido intervenidos se alegraban de la suerte corrida por su competidor. La famosa teoría del cayo pisado. Hasta que todos cayeron en la misma masacre. No quedó nadie a salvo. Todos los negocios, propiedades y fincas fueron expropiados e intervenidos. La confiscación fue total. Sólo hubo un dueño y propietario: Fidel Castro.

Los políticos cubanos que también pertenecían a la oposición al gobierno de Batista y que habían apoyado en su mayoría la aventura castrista, fueron completamente marginados por el nuevo líder. Se alegaba que de esa manera la revolución se quitaba todo compromiso político con situaciones de corrupción anteriores. Ocultando tras la mentira su verdadera intención, conseguía ganarse el apoyo popular ya que los cubanos se sentían cansados de tanta corrupción y amiguismos. Mantener su autoridad absoluta fue una táctica esencial. Un prominente militar que se destacó por sus acciones en contra del régimen anterior, el Coronel Barquín, que guardaba prisión en el momento del triunfo fidelista, ocupó el Cuartel Militar de Columbia y se autoproclamó Jefe Militar de la plaza fue parado en seco por Fidel Castro, que no aceptó su colaboración. Barquín cumplió y aceptó por completo las órdenes del Comandante. Después confrontó a la jefatura del llamado Frente Revolucionario del Escambray y los desafió en un enfrentamiento popular, sometiéndolos a sus decisiones. También aceptaron sin argumentos. Políticos prominentes de la lucha fueron ignorados. El ex-Presidente Carlos Prío Socarrás, que ayudó substancialmente al grupo fidelista, junto con su partido político fueron ignorados en la nueva composición política gubernamental. Sólo un destacado político de esa rama auténtica llegó a enfrentarse al nuevo líder y sus barbudos: Tony Varona. Su enfrentamiento a través de la radio y la televisión lo pusieron en una situación crítica, teniendo que optar por salir del país. No obtuvo apoyo de consideración por parte de sus propios miembros del partido ni de los siquitrillados.

Los medios de comunicación, prensa, radio y televisión desde el principio fueron un objetivo codiciado del castrato. Casi todos los días, y yo diría casi todo el día, comenzó la propaganda y el control de los medios de publicidad por el gobierno. La persona del líder se hizo figura constante que aparecía mediante programación al respecto o sin anuncio, por sorpresa. Todo esto fue aceptado inicialmente por los dueños de esos medios pero tan pronto comenzaron a salir críticas y diferencias de opiniones comenzó el procedimiento de incautación. La turba del pueblo, manejada hábilmente por el castrismo, permitió que se consumara la confiscación de todos los medios de publicidad. Los comunistas dominaban la propaganda e información en todo el país. El gobierno confiscó todos los periódicos en la isla, también las estaciones de radio y las de televisión. Con esta acción, el absolutismo del fidelato quedaba plasmado. La única voz que se podía oír, la única frase que se podía escribir era la autorizada por el gobierno fidelista. Ante esto, las alternativas eran muy escasas. Había que combatir esa situación.

Fidel Castro

Yo conocí personalmente a Fidel Castro cuando comenzó a estudiar la carrera de abogado. Era el año 1946, él empezaba el primer curso, o sea, el primer año y yo terminaba la carrera en el quinto. La Escuela de Derecho elegía un presidente que pasaba a formar parte de las 13 escuelas integrantes de la Federación Estudiantil Universitaria. El objetivo de Castro era ser presidente de la Escuela de Derecho para pasar a ser miembro de la Federación Estudiantil Universitaria. Tradicionalmente, el delegado del curso del quinto año se designaba Presidente de la Escuela. Fidel luchó esa elección a capa y espada. Perdió y el Presidente ganador fue Jorge Milanés, delegado del curso del quinto año. Así que yo conocí a este bandido en circunstancias donde se proyectó tratando de dar una cañona.

Los antecedentes de Castro lo señalaban como un tipo revoltoso, pichón de matón, que había intervenido en algunos hechos llamados revolucionarios. Se conocía que pertenecía a una organización de las que integraban las pandillas llamadas revolucionarias, que había estado involucrado en la expedición de Cayo Confites. Que había servido de chivato en la muerte de Manolo Castro, un líder estudiantil asesinado por los integrantes del grupo al que pertenecía Fidel. Se conocía su participación en la muerte de un oficial de la policía universitaria, así como de su presencia en el famoso Bogotazo de Colombia. Otra fase fue la de sus broncas con Leonel Gómez, un líder estudiantil del Instituto de La Habana. Además eran conocidos los problemas personales que había tenido en la Escuela de Derecho, como el que sostuvo con Héctor Lamar, en el que resultó casi noqueado.

Todos estos antecedentes hacían presumir que el futuro de Cuba se encontraba en manos peligrosas.

Yo hice contacto personal con Fidel Castro varias veces. Un grupo de amigos jugábamos dominó y póker en las casas de huéspedes que habían en la calle 21 entre K y L, en el Vedado. En 21 y L existía el café las Delicias de Medina. Allí, después que cerraban el local, de noche, después de las once, se reunía un grupo formado por Enrique y Paco Huertas, Pepín González Naranjo, Julio Alfonseca, Mario Zayas, Edmundo Robainas, Manolo Saco y otros más. Pues Fidel se aparecía por el lugar de vez en cuando, donde se discutían tópicos políticos y de la actualidad. No se por qué pero a mí no me convencían sus argumentos.

Después del triunfo de su revolución, con motivo de celebrarse el Día del Abogado, un 8 de Junio, el Colegio de Abogados le dio una cena de homenaje en el Hotel Hilton. Como miembro de la Junta de Gobierno asistí a esa comida que se le brindó. Fui acompañado de mi señora y de mi socio de Bufete, Dr. Francisco Menéndez Riera. Fuimos a tomar el elevador para subir al Sugar Bar a tomarnos un trago antes de la cena. Al abrirse la puerta del elevador apareció Fidel Castro con un grupo de oficiales del Ejército Rebelde. Cuando me vio me saludó y me preguntó si yo sabía dónde era la cena. Yo que me había dado unos tragos y que tenía atravesado al tipo, le contesté levantando el brazo, «coge ese camino que el olor te guiará para llegar». Creo que no le gustó la forma en que le contesté. Uno de los que le acompañaba, que después conspiró con nosotros, me dijo que molesto había dicho «¿qué es lo que se cree el tipo este?».

El próximo y último encuentro se produjo en el Hipódromo de Marianao. Se inauguraba la temporada de carreras ese día. Un grupo de americanos de Miami, encabezados por un Abogado miamense, Dan Chapell, obtuvieron del gobierno de Fidel la concesión para operar el hipódromo. Fidel asistió a esa inauguración de la temporada y junto con Chapell lo fui a recibir y llevarlo a un recorrido por el lugar. Del modo que me habló y cómo me miraba sin quitarme la vista de encima, me di cuenta que la declaración de enemigos estaba completamente sellada.

Almuerzo despedida de soltero de Pablo Pérez Alejo.
Sentados, de izquierda a derecha: el autor José E. Dausá, Suárez, Rubén «el manquito», el homenajeado, no identificado. Detrás: Álvaro García, no identificado, «Guajiro» Torres, Pedro Matos, no identificado, Fidel Castro de saco, cuello y corbata, no identificado, y Meneses.

II

LA LUCHA DEL CLANDESTINAJE EN CUBA

Hay un viejo refrán que dice «no hay peor ciego que el que no quiere ver». Esto fue lo que le pasó al pueblo de Cuba que no quiso ver el engaño, la falsedad y la mentira que desde muy temprano, utilizaron Fidel Castro y sus secuaces para conducir a los cubanos a apoyarlos en el camino de destrucción que tenían planeado. Sembrar el odio, el revanchismo y la denuncia fueron las normas y conducta que desde un principio imperaron para obtener la voluntad de ese pueblo. Era la consagración del Chivato. Hubo mucha gente que asimiló el engaño pero hubo otros que desde muy temprano rechazaron las promesas soñadoras que les hacía un líder que tenía un pasado bastante tenebroso. Ante los hechos que se producían, que señalaban la posibilidad de un gobierno autoritario con gestos tiránicos, sólo podía enfrentarse una oposición cerrada y, si fuera necesario, violenta para poder combatir a ese devorador sistema que los patilludos anidaban. Así lo entendí muy pronto. Después de analizar y estudiar la situación, comencé a razonar y todas las salidas me llevaban a una sola solución: Combatir, luchar contra el régimen en las circunstancias que fueren necesarias. Al inicio me concreté a combatir los procedimientos ilegales que el gobierno usaba con las denuncias y quejas que se procesaban. Como Abogado, me oponía y hacía constar mi protesta en muchos expedientes laborales que se presentaban y tramitaban en el Ministerio del Trabajo, en estaciones de policía y en puestos militares donde frecuentemente se iniciaban.

Estos trámites casi siempre comenzaban con la detención y arrestos de patronos o dueños de propiedades o negocios que eran objeto de las reclamaciones. En un principio, todo esto parecía una vendeta personal. Mi comparecencia con mis alegaciones, a veces en forma descompuesta y atrevida, me llevaron a tener que confrontar momentos en los cuales ponía en peligro mi libertad personal. Pronto me di cuenta que este procedimiento no era el adecuado. Una persona actuando sola, por muchas razones legales o de justicia que pudiera alegar, no podía obtener mucho contra un dispositivo de fuerza y calibre como el que tenía impuesto el régimen. ¿Qué hacer? Carecía de la experiencia necesaria para organizar una actividad con posibilidades de dañar al fidelato. No había pertenecido ni pertenecía a ningún partido político ni me había integrado a grupos o entidades de ese tipo.

En el Reparto Club Náutico de Marianao donde vivía, tenía un vecino, Milín León, cuyo cuñado, Orlando «Bebo» Acosta, tenía fama de ser un político que había estado entregado a actividades revolucionarias. Yo no sabía cuál era su inclinación con el régimen de Fidel pero por conversaciones en la casa de Milín, deduje que criticaba con frecuencia al nuevo gobierno y concluí que no era simpatizante del mismo. Su cuñado Milín me hizo saber que Bebo no sólo estaba disgustado con el fidelato sino que estaba combatiéndolo. Me senté a hablar con él expresándole mi decisión de tratar de combatir al gobierno. Bebo me explicó que él había sido miembro del Partido Auténtico y que una Sección de Acción de esa organización había luchado contra Batista al mismo tiempo que Castro luchaba en la Sierra Maestra. Que aunque persiguieron los mismos objetivos, su enfoque político no era igual al que el 26 de Julio con los hermanos Castro estaban usando para gobernar en Cuba. Aclarados puntos de coincidencia en nuestras preocupaciones, me expresó que para combatir al régimen era necesario estar organizado dentro de una entidad que tuviera la posibilidad de llevar adelante las acciones que pudieran tener éxito. Él pertenecía y era miembro de la Dirección Nacional de un movimiento clandestino formado para conseguir ese objetivo. La entidad se llamaba «Movimiento de Recuperación Revolucionaria», con las siglas MRR. El grupo ya llevaba meses de constituido pero estaba en una fase de organización nacional. En el MRR operaban gran cantidad de jóvenes procedentes de agrupaciones católicas, así como elementos que en algún instante, por haber integrado la lucha contra Batista, pasaron a formar parte del gobierno fidelista en sus comienzos. Acepté integrarme a la organización y concertamos una cita con otro dirigente que Bebo me indicó me señalaría cuál sería mi función. Dos días después nos reunimos en mi oficina. Venía con él un joven de unos 25 a 30 años, de estatura un poco más baja que yo, de complexión mediana. Su nombre era «Francisco». Francisco resultó ser el Coordinador General y Director del MRR. Su nombre, supe después, era Rogelio González Corso. La primera impresión que me causó fue la de un individuo amistoso, franco, con un idealismo definido y sincero. Estaba muy convencido de la tarea que se había impuesto, muy entusiasta y no dudaba del triunfo que podíamos obtener. Sus objetivos eran: el derrocamiento del fidelocomunismo, el establecimiento de un gobierno democrático elegido por el pueblo, con respeto e igualdad para todos los cubanos, para la ley, la familia, la persona y la propiedad privada. El MRR se encontraba en un proceso de organización nacional y quería que yo lo ayudara en algunos departamentos. También me expresó que existía una rama de la organización en Estados Unidos bajo la dirección del Dr. Manuel Artime Buesa, cuya fase seguía todos los postulados y orientaciones que salían de la Dirección Nacional en Cuba. Se había iniciado desde hacía un tiempo un proceso de recoger armas, equipos y explosivos para combatir al régimen en el terreno que fuera necesario. El MRR tenía un emblema, también un ideario contenido en un panfleto que me entregó. A continuación me explicó algunas de las secciones en que el movimiento operaba. La Dirección General que él manejaba, Acción, Propaganda, Abastecimiento, Seguridad, Tesorería, etc. De momento, él quería que yo trabajara directamente con Bebo y con él para organizar algunas secciones. Me pidió lo ayudara en la Sección Obrera.

El coordinador de la Sección Obrera era Reynaldo Pico. Comencé mi labor clandestina reclutando a líderes obreros y obreros que yo conocía estaban en contra de Castro y deseosos de poder realizar alguna actividad positiva. Abelardo Iglesias, Santiago Cobo, Alberto Osín, Humberto Castellanos, Cabrera, para nombrar a algunos de los principales. Con este grupo y algunos más fuimos formando células en distintos centros de trabajo localizados en todo el territorio nacional. Esas células comenzaron a funcionar recolectando armas y materiales para ser usados en acciones. También repartían hojas sueltas y propaganda del MRR. Vendían bonos para recaudar fondos. Obtenían información necesaria para preparar actos de sabotaje y acción, así como información de inteligencia sobre personas, instalaciones, vigilancia y cualquier dato de importancia para el desenvolvimiento de nuestra organización. En menos de cuatro meses, la Sección Obrera contaba con miembros organizados en centros de trabajo localizados en las seis provincias. El sabotaje comenzó a funcionar en esos centros laborales. Casi al inicio de esta tarea, Reynaldo Pico con otros dos compañeros, llevaron a cabo un acto de acción para tratar de volar el polvorín del cuartel de Managua, en las afueras de La Habana. Fueron descubiertos pero pudieron escapar. Francisco me encargó que escondiera a Pico hasta que pudieran asilarlo en una embajada o sacarlo del país. Lo llevé para una finquita que tenía en las afueras de Arroyo Arenas. Ahí estuvo unos días hasta que salió para los Estados Unidos. Entonces me encargaron para que consiguiera la persona que reemplazara a Pico. Junto con Santiago Cobo, escogimos a un combatiente joven de procedencia católica pero muy valiente y dedicado a la causa, Hugo de Jesús Martínez Piloto.

Inicialmente funcionaba como Jefe de Acción del MRR el ingeniero Febles. Febles se trasladó a los Estados Unidos y al no poder regresar a Cuba, a sugerencia de Bebo; Francisco y la dirigencia del Movimiento designó como nuevo Jefe de Acción a Pedro «Mala Cara» Quesada. Quesada había sido oficial de la policía durante el Gobierno Auténtico y miembro de los grupos de acción de esa entidad política. Tenía gran experiencia en esos manejos de operaciones de acción. Después que Pedro comenzó a actuar, Francisco y Bebo me pidieron que los ayudara a organizar los cuadros de acción en todo el territorio, utilizando mis conexiones con el movimiento obrero. También participó en esta labor principalmente Carlos Acosta, que era tío de Bebo, aunque más joven. Carlos, a quien le llamaban el «Coreano» por haber participado dentro del ejército americano en la guerra de Corea, tenía experiencia en armas, explosivos y equipos bélicos. Con enviados nuestros, se comenzó a hacer contacto con los coordinadores provinciales del MRR y por recomendaciones de ellos se fueron examinando individuos que, después de escogidos, se les daba un pequeño entrenamiento y pasaban a operar a las órdenes directas del Coordinador de Acción. Esta labor estaba supervisada por Carlos Acosta y por Joe Quesada, hermano de Pedro, que se destacó mucho en acciones ejecutadas.

Mientras tanto se seguían recolectando armas, explosivos y equipos. Igualmente se emitieron bonos de la organización que se distribuyeron con el objetivo de adquirir los fondos para poder obtener los equipos necesarios para organizar y ejecutar las acciones planeadas. En este proceso de recaudación hay que destacar que las contribuciones, que pudieron ser importantes de elementos económicamente bien valorados, resultaron frustrantes. Tuvimos situaciones en las cuales personas que tenían una posición bien holgada y eran dueños de negocios que iban a afrontar una confiscación y una intervención, el gobierno les incautó grandes sumas de dinero, que alguna parte de él pudo haberse entregado para ayudar a la causa. Y pudieron haberlo hecho sin peligro alguno para su persona. Muchos pensaban que el comunismo que comenzaba a figurar en el poder nunca sería aceptado por los Estados Unidos. La famosa idea de las 90 millas, que no permitirían la instauración de ese comunismo. Esa idea llevó a muchos a la equivocación de que no era necesario involucrarse en ningún tipo de actividad oposicionista. Esto sucedía en el año 1959. Lo triste es que en el año 2000, todavía los cubanos del destierro siguen pensando que los Estados Unidos tienen la obligación de aportar fondos y todo lo necesario para desarrollar el derrocamiento del castrocomunismo.

Por Francisco y Bebo conocí que el MRR a través de su conexión en Miami estaba trabajando con la inteligencia del gobierno americano, o sea, la CIA. A mí me pareció que nosotros podíamos obtener ayuda sin depender de esa protección extranjera. Me convencieron fácilmente. Si los cubanos de recursos que habían sido despojados por el régimen no contribuían con los fondos requeridos teníamos que obtenerlos de cualquier otra manera. Lo que importaba era poder desarrollar la lucha emprendida. Los americanos se portaron muy colaboradores desde un inicio pero nunca dudé que sus intenciones eran las de manejar las operaciones de acuerdo con sus planes.

Las casas de seguridad
Otra sección de mucha importancia en la organización eran las casas de seguridad. El MRR logró obtener una gran cantidad de casas, apartamentos, oficinas y fincas donde se podían celebrar reuniones y esconder a algunos de los miembros buscados por las autoridades debido a sus actividades oposicionistas. Además se podían guardar equipos, producir propaganda, en fin, muchas cosas que caían dentro de las faenas desarrolladas por el Movimiento. Muchos de los hombres que estuvieron peleando en el Escambray fueron llevados a esas casas de seguridad hasta que pudieron salir o asilarse en embajadas. Al producirse la Ley de Reforma Urbana, la organización contaba con más de 300 casas de seguridad en la provincia de La Habana y otros lugares del interior. La mencionada ley nos puso a trabajar para poder salvar la mayor cantidad de esos locales. La Sección de Seguridad estaba a cargo de Jesús Permuy. La solución que le ofrecimos fue el conseguir personas, preferiblemente parejas y hacerle un contrato de arrendamiento. En la ley se contemplaba la protección para el actual inquilino o poseedor de la propiedad. Hasta podían adquirir la propiedad mediante un procedimiento establecido. Todo esto era pura mentira porque más adelante el gobierno se apoderó de todas esas propiedades abandonadas. El MRR pudo salvar una 100 casas en La Habana y sus alrededores.

Orlando «Bebo» Acosta, fundador del Movimiento de Recuperación Revolucionaria (MRR)
miembro de la Dirección Nacional de la organización, que junto a Rogelio González Corso
(Francisco) y otros, fue baluarte destacado de las luchas clandestinas del 59, 60 y parte del 61
Exiliado en Miami continuó su incesante lucha por la libertad de Cuba. Junto con Santiago Babúr
organizó grupos para realizar acciones en Cuba. Murió en el exilio ansiando el regreso a una Cuba
libre y democrática.

El MRR comenzó a intensificar el reclutamiento de elementos opuestos al régimen. Organizaba sus secciones y comenzaba a prepararse para la lucha que se aproximaba. Pero como sucede algunas veces, se empezaron a gestar problemas en la línea de mando de la organización. Se produjo una división entre los miembros de la Dirección General de la entidad. Y todo parecía que comenzó a desarrollarse por la ayuda americana que le dieron a personas ligadas con algunos de los directores. El problema se planteó en una reunión que se celebró en mi casa del Club Náutico de Marianao. Debido a los hechos planteados por Francisco en dicha reunión, dos miembros que yo recuerde de la Dirección Nacional, Rafael Díaz Ascón y el Tesorero cuyo primer nombre era Salvador y todos le llamaban «Ja Ja»; también parece que estaba involucrado el Sr. Febles que era el anterior Jefe de Acción. Todo el problema estaba concentrado en que obteniendo la ayuda de los americanos, se obtenía el control de la oposición al régimen y la posibilidad de controlar el gobierno en una Cuba liberada. Los antes mencionados que fueron separados y algunos cubanos más en Miami integraron una nueva organización que se llamó Unidad Revolucionaria. Ellos tenían buenos contactos con los americanos y obtuvieron ayuda directa para combatir a Castro. Todo esto me pareció a mí como un acto de división propiciado por los americanos aunque no podía entender en ese momento cuál era la finalidad de semejante conducta. Sólo me queda agregar que cuando arrestaron a Francisco, estaban reunidos con él, Rafael Díaz y Sorí Marín de Unidad Revolucionaria. Todos, con otros compañeros, fueron fusilados por el régimen el mismo día y a la misma hora. En esa reunión que celebraban y donde fueron detenidos, se estaba coordinando, según tengo entendido, la forma de realizar acciones conjuntas cuando se produjera el desembarco de la Brigada 2506.

Mi primer contacto con personal americano en Cuba se produjo cuando Bebo me pidió que fuera a la casa de un empleado de la embajada americana que vivía en el nuevo Biltmore a recoger un motor fuera de borda. El individuo, americano, me saludó y habló conmigo en perfecto español como si me hubiera conocido por largo tiempo. El segundo contacto fue en la casa de Enrique José Varona, que también operaba con el MRR. Ese día estábamos en la casa de Varona, Francisco, Carlos Acosta, Bebo y yo. El americano vino para estar seguro si habíamos recibido un material que nos habían enviado de Matanzas. Ese equipo había sido enviado a nosotros desde Matanzas por Campitos que operaba una guerrilla en esa provincia. El equipo, me enteré después, fue llevado por mar por unos americanos y recibido en las afueras de Sagua la Grande por Alberto Beguiristaín y un grupo del MRR que también operaba en esa región. Campitos nos envió para La Habana explosivos C-3, ametralladoras M-3 con silenciadores, municiones y otras cosas más que no podía él utilizar en su lucha. En el baúl de un automóvil venía toda esa mercancía, que fue la primera que se recibió en Cuba por el MRR. Además recibimos lapiceros para usar con los explosivos. El C-3 y los lapiceros fueron los primeros materiales explosivos que recibíamos de los Estados Unidos. El C-3 tenía un olor impregnante cuando se manejaba con las manos y se quedaba ese olor por cierto tiempo si no se usaban guantes. Los lapiceros, los expertos bomberos que teníamos no los conocían. Pero fueron recibidos con honores. El lapicero traía una marca en distintos colores que señalaban el tiempo en que se produciría la explosión. Los colores que recuerdo eran amarillo, rojo y azul; el rojo era el de menos tiempo y podía producir la explosión en 15 ó 20 minutos, el amarillo era el del tiempo intermedio y el azul el de mayor tiempo pero no recuerdo exactamente los períodos de tiempo de cada color. El lapicero hacía de detonador y de regulador de tiempo para producir la explosión. Para usarlo debía introducirse dentro de la masa de C-3 o C-4 y romper la cápsula gelatinosa o cabeza del lapicero; una vez realizado estos pasos, el productor del hecho podía abandonar con tiempo el lugar donde dejaba el explosivo y las posibilidades de ser descubierto eran mínimas.

Francisco y Bebo me pidieron que querían celebrar en mi oficina una reunión con una persona que había llegado de los Estados Unidos. La persona era Plinio Prieto. Plinio había sido un combatiente en el Escambray en contra del gobierno de Batista. Decepcionado por la política pro-comunista del fidelato, se alzó de nuevo en el Escambray para luchar contra el castrocomunismo. Plinio fue a los Estados Unidos, no se cómo ese contacto se produjo, pero sí se que venía con una serie de esperanzas de realizar una labor efectiva en su campo del Escambray. En la reunión se planeó proveer y enviarle armas y equipos para que los llevara a los alzados del Escambray. Sus contactos en los Estados Unidos fueron con la CIA y el MRR. Junto con él, iba a integrarse en el Escambray un radio operador entrenado por los americanos. Bebo se encargaría de conseguir las armas y equipos y enviárselos a un lugar y hora que se señalaría posteriormente. En la finca de Munillas, las armas y el equipo fueron camuflageados en unos tubos grandes de asbesto e introducidos en un camión que se envió al sitio requerido por Plinio. El lugar según supe después era en las estribaciones de la Sierra del Escambray. Plinio fue detenido por los castristas y luego de un juicio sumario fue fusilado junto con otros combatientes del Escambray.

En el local donde operaban un negocio los hermanos de origen chino, Tony y Bebo, creo que el apellido era Yong, se preparaba e imprimía casi toda la propaganda del MRR. Cuando la tenían terminada, ellos se la entregaban al Coordinador de Propaganda que se encargaba de su distribución. Esta propaganda escrita se llevaba a todas las coordinadoras provinciales para que a través de sus miembros la hicieran circular en todos los lugares que fuera posible distribuirla. Proclamas y hojas sueltas con denuncias al régimen de Castro eran lanzadas de edificios de apartamentos y de oficinas o llevadas a centros de trabajo, lugares de reuniones sindicales o sociales, eventos deportivos, en fin, dondequiera que hubiera un núcleo de personas reunido. Desde el edificio del Retiro Odontológico donde estaban localizadas las oficinas del gobierno, creo que el Ministerio del Transporte y a donde concurría una gran cantidad de público, un abogado que tenía su oficina en un piso bien alto, Dr. Juan Ramón García, lanzaba proclamas cada vez que le llevaban de esa propaganda. También se imprimieron una gran cantidad de bonos con emblemas y denominaciones de distintas cantidades que fueron repartidas entre los miembros de la organización y que circulaban y se vendían en todo el país. La recaudación de fondos que funcionó en todo el territorio nacional nunca llegó a tener el éxito esperado. Los fondos de dinero para operar la organización provenían de la ayuda americana.

Amaury Fraginal era en Cuba un líder sindical del Sindicato de Plantas Eléctricas y miembro del 26 de Julio. Fraginal fue el autor, en la época del gobierno de Batista, de colocar y activar la bomba que dejó sin luz a parte de la ciudad de La Habana por unos cuantos días. En una asamblea que tuvo lugar en la sede de su organización sindical se produjo una confrontación con los dirigentes comunistas que querían controlar la dirección de ese sindicato. La asamblea parece que se acabó como la fiesta del Guatao. Creo que después de celebrado el acto con sus consecuencias, Fraginal con un grupo grande de obreros, se dirigieron en manifestación hacia el Palacio Presidencial, sede del Gobierno, para protestar de la intromisión comunista que se estaba produciendo con la anuencia del gobierno. Como resultado de este hecho, Amaury se convirtió en un contrarrevolucionario, enemigo del castrato. Inmediatamente fue ordenado su arresto. Tuvo tiempo de poder esconderse gracias a los amigos que le avisaron. Santiago Cobo, a quien yo había integrado en la Sección Obrera del MRR y que había sido Secretario Organizador de la Federación del Transporte de la pasada CTC, me informó del problema de Fraginal y me consultó si podíamos hacer algo para ayudarlo porque compañeros de él, del

Movimiento Libertario Anarquista, estaban interesados en Fraginal ya que de ser capturado por el régimen, se conocía que lo iban a enjuiciar y fusilar. Francisco, Bebo y yo analizamos el caso. Yo le informé a Francisco que el Movimiento Anarquista estaba enemistado de los comunistas, que aunque el grupo no era muy grande, era lo suficiente para tener una gran influencia en el sector obrero. Además tenían conexiones en los sectores marítimos de los puertos y en el sector gastronómico que podían ser útiles en nuestra lucha. Se decidió acceder a ayudar a Fraginal y Bebo y yo nos encargamos de preparar la operación. Me reuní en mi oficina con Santiago Cobo y con Abelardo Iglesias, quien había sido Secretario General de la Federación de la Construcción en la CTC de Mujal y uno de los líderes principales del sector de los Libertarios. Coordinamos una cooperación de su organización con el MRR y pasamos a planear la entrega de Amaury al Movimiento. El plan funcionó de la manera siguiente: Santiago Cobo llevaría a Fraginal al cine Arenal, que se encontraba en la Calzada de Columbia, a eso de las cuatro de la tarde. Yo lo estaría esperando dentro del cine viendo una película. Cuando nos encontramos, yo salí con Fraginal hacia mi auto y lo llevé para la casa de Armando Roces en la zona del Country Club. Allí estaba Bebo esperándonos. Cenamos y después me fui con Fraginal de nuevo, esta vez para la casa del Dr. José M. Fernández, abogado que estaba asociado en nuestro bufete. Pepe, como le llamábamos al Dr. Fernández, vivía en una de esas casonas grandes de la Víbora. En los altos de su casa, independiente del resto, estaba un cuarto con todas las comodidades. Allí estuvo Fraginal escondido hasta que pudo salir del país.

Entrevista con Willian F. Pawley

En Septiembre de 1960, Segundo Lopo, Contador y hombre de confianza de William F. Pawley propietario de la empresa «Autobuses Modernos S.A.», conocida como «las enfermeras» por su color blanco, se acercó a la dirigencia del MRR para transmitirle un mensaje que tenía de su jefe en los Estados Unidos. El Sr. Pawley quería hacer contacto con una organización que estuviera operando en contra del régimen de Castro y que estuviera organizada nacionalmente. El señor era a la sazón, el Presidente del Partido Republicano en la Florida. La reunión con el Sr. Pawley tenía que realizarse en la ciudad de Miami. La dirección del MRR me designó para que fuera a Miami y me entrevistara con el Sr. Pawley. Después de coordinar con el Sr. Lopo la operación de encuentro y el procedimiento a seguir, viajé a Miami. Desde el aeropuerto, siguiendo instrucciones, llamé a la oficina de los hermanos Babún. Conversé con el Sr. Santiago Babún que me recogió en el aeropuerto, le expliqué el objeto de mi visita, así como que me indicaron que manejara con él todo el trámite de esta reunión. Me llevó para un hotel en Miami Beach cercano a su casa y desde allí nos pusimos en contacto por teléfono con el Sr. Lopo que se hospedaba en un hotel de Biscayne Boulevard. Esa noche, creo que era 11 de Septiembre, se le ocurrió pasar un cicloncito por Miami que casi no dejó árbol de pie. Al próximo día quedamos en reunirnos a las ocho de la mañana en la casa del Sr. Pawley. Fuimos a la entrevista, Santiago Babún, Rolando «Musculito» Martínez, Segundo Lopo y yo. La casa estaba situada en una isla de Miami Beach. Recuerdo que durante el viaje tuvimos que esquivar los árboles caídos y bordear calles para poder llegar. La reunión comenzó con el Sr. Pawley diciéndonos que él estaba autorizado por el Presidente de los Estados Unidos, Eisenhower, para hacer contacto con una organización que estuviera operando en Cuba en contra del régimen de Castro y que estuviera organizada nacionalmente. Que el Sr. Lopo le había informado que nosotros reuníamos las calificaciones señaladas y que él tenía información favorable de nosotros también. Que el gobierno de los Estados Unidos estaba dispuesto a facilitarnos armas, equipos, dinero y todo recurso necesario para llevar adelante una lucha para deponer al gobierno de Castro. Que ellos disponían de dos barcos para la operación pero que nosotros teníamos que buscar la tripulación. Nosotros quedamos en contestarle el próximo día sobre el reclutamiento de las tripulaciones. En un plano más social, el Sr. Pawley nos expresó que el gobierno americano actual le había pedido a Batista que realizara unas elecciones honradas y que aceptara los resultados sin violar ningún trámite de esa elección; que de haber sido así, el Dr. Carlos Marquez Sterling hubiera sido electo Presidente en vez de Andrés Rivero Agüero, quien ganó las elecciones por fraudes cometidos, De esa manera, Castro no habría tenido razón alguna para mantener su guerrilla y el país se hubiera normalizado rápidamente. La negativa de Batista, agregó, hizo que el Presidente americano le negara después el asilo en los Estados Unidos. Que el gobierno americano estaba totalmente informado del cariz comunista de la guerrilla castrista y que su objetivo era implantar un régimen comunista en Cuba; que esa información se la había pasado al Presidente Batista. Terminada la entrevista nos trasladamos a las oficinas del MRR en Miami donde tuvimos una reunión con Artime. Le informamos de la necesidad de las tripulaciones y nos informó que él se encargaría de ese asunto. Esa tarde Artime nos comunicó las dos tripulaciones con nombres y apellidos, dirección, etc. Se lo traspasamos a Lopo, quien le informó a Pawley. Este quedó en ponerse en contacto con Babún y Martínez para ultimar los detalles de la operación. Ahí quedó todo. Ni los barcos ni los materiales fueron nunca entregados.

En la primera mitad del año 1960 las actividades desarrolladas por el Movimiento eran mas bien de organización, reclutando, situando hombres en sus posiciones, recaudando fondos, consiguiendo armas y equipos, distribuyendo propaganda en contra del gobierno y realizando acciones de sabotaje. Ninguna de dichas actividades en esa época podían calificarse de decisivas para derrocar al régimen. Más que nada era una actividad preparatoria para impulsarla tan pronto estuviéramos listos.

Infiltraciones

El Dr. Lino Fernández que estaba encargado del contacto con las guerrillas existentes en el Escambray y otras regiones de Las Villas, así como las que operaban en Matanzas y Pinar del Río, les facilitaba armas y materiales que le solicitaban por medio de contactos. Lino fue arrestado después que yo salí, fue condenado y cumplió prisión por largos años. Todos estábamos esperando la ayuda prometida por los americanos que no acababa de llegar. El primer equipo que mandaron fue entregado en el mar, frente a las costas de Sagua la Grande. Este equipo fue recibido por Alberto Beguiristaín con un grupo que funcionaba con él en ese lugar. El material que Alberto recibió fue enviado a la guerrilla de Campitos en Matanzas. Campitos se quedó con lo que él podía usar y el resto, explosivo C-3, lapiceros de tiempo, M-3 con silenciadores y otras armas, lo envió para La Habana y fue recibido por nosotros. Allí vi por primera vez estos implementos tan necesarios en ese tipo de lucha. El explosivo y los lapiceros fueron usados por Quesada y el grupo de acción regularmente: Las bombas que detonaron el día del aniversario de la muerte de los estudiantes de medicina, el 27 de Noviembre, en la escalinata de la Universidad de La Habana mientras Fidel entonaba su discurso. La bomba del Capitolio; la de Crusellas; la de una planta eléctrica, creo que en la Víbora; en instalaciones eléctricas que interrumpían el servicio eléctrico. En fin, ese grupo colocó y explotó en La Habana una gran cantidad de bombas y nunca fue detectado por las autoridades. El sistema del C-3 y más tarde el C-4 con los lapiceros detonadores de tiempo fueron extremadamente eficientes.

Con la llegada del primer cargamento de armas y equipos se comenzó a organizar para recibir el segundo y todos los demás que pudieran venir. Bebo Acosta había organizado un punto de recibimiento en el Reparto del Club Náutico de Marianao. Coordinó con

Miguelón Olmo que era el Administrador del Club. La operación consistía en colocar a un pescador que pescaba todas las noches frente al Club y que trabajaba para Olmo, en un lugar que sería el vértice del triángulo formado por las luces situadas en las torres de la Iglesia de Villanueva y la de la estación de televisión. Ahí se situaría Juanito, que así se llamaba el pescador, con su bote de unos 12 pies, con una farola en la popa del bote. Estos fueron los datos que le dieron a Miami para que trajeran el cargamento. Francisco nos comunicó un día, que no recuerdo pero fue de los primeros del mes de Noviembre, que esa noche se iba a producir la operación. Para cubrirnos, nos citamos un grupo de cinco personas del Movimiento en mi casa y allí nos pusimos a jugar dominó y pasar el rato bromeando. A eso de las nueve de la noche, Miguelón nos llamó para que fuéramos a la casa de botes del Club donde había una gente esperándonos. Yo cogí mi carro y me trasladé al lugar, allí me encontré a dos jóvenes en shorts, les dije que Francisco me mandaba a buscarlos y guardaron las pistolas que tenían en la mano. Los infiltrados eran Alberto Muller, del Directorio Revolucionario Estudiantil (DRE) y otro joven que no conocí su nombre pero supe era un radio operador. Los llevé para mi casa. Todos estábamos muy excitados con la llegada de estos dos caballeros. Se acabó el partido de dominó y esa noche durmieron en mi casa esos dos compañeros. En la mañana del próximo día vinieron unas muchachas del Movimiento y se llevaron a Muller y al radio operador. Esa operación se repitió unos días después. En esta otra vinieron infiltrados Juan Manuel Salvat, Manuel Guillot y Miguel García Armengol. Se quedaron esa noche en mi casa. Bebo y yo nos quedamos vigilando hasta que al siguiente día por la mañana se los llevaron.

Cuando se produjo el primer viaje, se presentó una dificultad con el cargamento que nos habían dejado. La lancha que hacía la operación desde Miami era propiedad de Babún y estaba tripulada por Kikío Llansó como Capitán, Rolando Martínez de artillero y Tim era el mecánico. El cargamento que transportaban lo lanzaron al mar en unas cajas con material impermeable, de acuerdo como se había planeado. El problema se presentó cuando se fueron a sacar las cajas del mar. Para esa gestión se utilizó a una gente del Directorio Estudiantil (DRE). Un joven del Miramar Yatch Club, que le decían el «Tripa» (Carlos Artecona), era dueño de un yate de recreo y él con otros de esa agrupación no pudieron sacar las cajas. Después fue con ellos el gallego Miguel García con sus esquíes. Pudo agarrar una de las sogas que tenían las cajas pero no pudo levantarlas del fondo del mar. Fracasados todos los esfuerzos y teniendo necesidad de obtener ese material decidimos Bebo, Francisco y yo intentarlo con alguien que se dedicara a la pesca submarina. Francisco consiguió a otro miembro del Directorio, también socio del Miramar que practicaba la pesca submarina, Carlos Cacicedo. Él iba a realizar la operación con otro amigo de apellido Tomeu y que le llamaban el «Topo». Cacicedo, Tomeu y yo nos fuimos un día por la tarde al Casino Español, del cual yo era socio. Nos tomamos unos tragos en el bar de la piscina. Ellos llevaban el equipo submarino y nos pusimos a conversar de las lecciones que me iban a dar para que yo me entusiasmara con ese deporte. Tomamos un bote de remo para socios y nos fuimos remando al lugar donde debía estar la carga dejada. Eran como las cuatro de la tarde. Cacicedo y Tomeu se tiraron al agua con su equipo y localizaron las cajas enseguida. Entre los dos sacaron la primera caja que, por cierto, me costó un trabajo inmenso subirla al bote debido al agua que tenía. Así subimos cinco cajas. Por otro lado y siguiendo el plan trazado, Bebo salió con una lancha de unos 25 pies, del Club Náutico. Con él venían otros del Movimiento, entre ellos dos mujeres. Ahí mismo frente al Náutico, le pasé las cajas que metió debajo de la proa de la lancha. Él regresó al muelle del Náutico y yo, con los pescadores submarinos, al Casino Español. Bebo llevó las cajas en el bote con un trailer para la casa de Lesmito, que también trabajaba con nosotros. El próximo día, Bebo y yo recogimos las cajas en el garaje de la casa de Lesmito (Lesmes Ruiz) y las llevamos para una casa de seguridad del Reparto Biltmore donde Carlos Acosta las recibió y las almacenó junto con otro equipo y armas que teníamos en una pared falsa que él había construido dentro de la casa. Las demás cajas, así como las que dejaron en la segunda operación fueron sacadas por otros miembros de la organización.

Después de la segunda operación se presentaron unos Nortes que demoraron la continuación de los viajes. Lo peor fue que una de las cajas, en la cual venían los lapiceros, debido a esos Nortes, se rompió y una mañana aparecieron los lapiceros regados en la playita del Náutico. Esto dio motivo que Miguelón Olmo nos avisara que estaban investigando la aparición de esos lapiceros y que debíamos parar la operación por el momento. Este inconveniente nos llevó a tratar de buscar otro lugar para poder recibir los embarques. Bebo había hecho un contacto con Manolo Villamañán que era el Jefe de Ventas en el Reparto Celimar que tenía una buena faja de playa y preparó una operación por ese sitio pero no se pudo hacer contacto con la lancha de Miami.

Francisco tenía las funciones de Presidente o Coordinador General de lo que primero se llamó «Frente Revolucionario Cubano» y más tarde fue «El Consejo Revolucionario Cubano». A esta sombrilla pertenecía un grupo de organizaciones que operaban dentro de Cuba con ramificaciones en Miami. El objetivo principal de ese conjunto era el derrocamiento del régimen castrista y aunque tenían programas distintos, se comunicaban y ayudaban cuando era necesario. Para cumplir con todo ese compromiso, el MRR siguió una política de proporcionar armas o equipos a todos aquellos miembros de esas organizaciones, que a través de sus representantes identificados presentaran información sobre acciones que planeaban realizar, siempre y cuando se estimaran efectivas por los coordinadores. Para poder traspasar esos equipos de la manera menos peligrosa se ideó un plan. Cuando se determinara el equipo que se iba a usar en la acción, se mandaba previa identificación, a un individuo que se presentaba en mi oficina de Abogado para tratar un asunto legal conmigo. La persona tenía que traer un automóvil que dejaría parqueado en un estacionamiento privado que existía cerca de mi oficina. El ticket de parqueo me lo entregaba y a su vez yo se lo pasaba a Lesmito, que era un miembro del Movimiento que estudiaba Derecho y yo lo tenía de pasante en mi bufete. Una vez obtenidas las señales que identificaban el carro del individuo, Lesmito iba al parqueo, comprobaba el ticket y se llevaba el carro hasta la casa de seguridad donde se guardaba el material. Allí, junto con Carlos Acosta, ponían el encargo en el baúl del carro y Lesmito regresaba a mi oficina, le devolvíamos las llaves del carro al sujeto y se iba con su carro y el material requerido.

En el equipo que mandaron los americanos llegó un mortero con 5 ó 6 obuses que se habían solicitado para hacer una operación en la cual se pretendía volar la planta de la Texaco en Santiago de Cuba. Esta operación la había planeado Temístocles Fuentes, que era el Jefe de Acción del MRR en la provincia de Oriente. Temístocles era todo un personaje. Tenía como 5.6 de estatura, delgado, de la raza negra, con sombrero y un bigote profuso; vestía siempre de saco, cuello y corbata y por lo general llevaba uno o dos libros debajo de su brazo izquierdo. Parecía un profesor de escuela o intelectual. Era miembro del 26 de Julio y se había destacado en la lucha contra Batista. Tenía gran amistad y relaciones con elementos que pertenecían a las filas fidelistas. Pero Temístocles no era comunista. Era un ferviente anticomunista y muy relacionado con la dirección del MRR. Él trabajaba en un departamento de seguridad del castrismo y por su posición conocíamos todos los movimientos de los carros del G-2. En su plan, que contaba con militares rebeldes conocedores del manejo del mortero mencionado, lo iban a emplazar en un lugar estratégico para disparar los obuses contra la planta de la Texaco. Para trasladar el equipo a Santiago de Cuba fue tremenda epopeya. Sólo podía hacerse por mar o por tren. Se decidió hacer por tren. Se utilizaron cajas y maletas que le fueron entregadas a Temístocles en la estación ferroviaria. Una vez estacionado el equipo en una casa escogida por Temístocles, creo que era una casa de campo en las afueras de la ciudad, comenzaron las dificultades para el pobre Temístocles. Los amigos del Ejército Rebelde se le rajaron. Temístocles regresó a La Habana donde Carlos Acosta comenzó a entrenarlo para que pudiera él mismo disparar el mortero. Estando en estos andares, le llegó la noticia a Temístocles que un obús había estallado en la casa y que mortero, obuses y la casa habían volado juntos. Temístocles fue informado después de la siguiente versión: los obuses estaban colocados en una cobija en una parte alta de la casa, parece que una criada limpiando el lugar, sin querer movió uno de los obuses que cayó al suelo de punta e hizo la explosión. Claro que el incidente provocó que las autoridades investigaran y como resultado de eso, Temístocles fue a parar a Haití donde murió años después.

El médico Soregui
El Dr. Pedro Fojo era un médico cubano, un cardiólogo. Era ayudante de un afamado especialista de esa materia, el Dr. Aixalá. Yo traté por primera vez al Dr. Fojo cuando sirvió de técnico como testigo en un expediente de incapacidad por enfermedad del corazón de mi cuñado, Dr. Adolfo de Varona. Fojo había sido el especialista en enfermedades del corazón de la clínica que creo se llamaba Beneficencia Jurídica, que había sido fundada y trataba como pacientes a todos los miembros del Partido Comunista en Cuba. Se decía que Fojo había pertenecido a la Juventud del Partido Comunista. Después de la llegada del castrato al poder, él fue despedido del puesto de cardiólogo que tenía en una clínica, que estaba situada en 17 y J en el Vedado. Con motivo de ese hecho, Fojo me había pedido que le sirviera de Abogado en el expediente denuncia que había presentado ante el Ministerio del Trabajo. Nos encontramos un mediodía en el Casino Español, de donde él era socio y me expresó que tenía una cosa importante que informarme para que yo la transmitiera a la embajada de los Estados Unidos en Cuba. Un médico cubano, el Dr. Soregui, lo había llamado urgente porque se sentía muy afectado de un padecimiento en el corazón. Soregui vivía en una residencia en el Reparto Country Club de La Habana. Fojo aceptó atender a Soregui en su propia casa y así lo había hecho por algún tiempo. La enfermedad se convirtió en crítica y Soregui, con conocimiento de que iba a morir, le pidió a Fojo que le permitiera hablar con una persona que él quería ver antes de fallecer. Me dijo Fojo, que la noche antes del desenlace, se

presentaron en casa de Soregui, Raúl Castro, Nuñez Jiménez y Guevara. Después de estar un rato encerrados con él en su cuarto, salieron portando una gran cantidad de files y papeles. Al próximo día falleció Soregui. Fojo quería que nosotros le transmitiéramos esta información, como dije antes, a la embajada americana. Yo le traspasé la información a Francisco, quien a su vez la pasó a su contacto de la CIA. La respuesta de la embajada americana fue la siguiente: ellos conocían muy bien a Soregui, ya que estaba fichado como el Segundo Jefe de la Internacional Comunista en la América Latina; además, dijeron que se sospechaba que Soregui era el hombre que había reclutado a Fidel Castro para el Partido Comunista. Había sido su psiquiatra personal. En Miami, años después, leí un libro de Teté Casuso, que fue amante de Fidel en su estadía en México, que afirmaba que Fidel Castro perteneció a las células clandestinas del Partido Comunista y que su reclutador había sido el Dr. Soregui.

En las Navidades de 1960, el MRR, con sus cuadros organizados, con material disponible y con recursos económicos provenientes de la ayuda americana, comenzó a planear acciones para desestabilizar al régimen castrista. Una de esas acciones consistía en tratar de entorpecer la celebración de las próximas Navidades. Se compraron como unos cuarenta guanajos que se llevaron para la finca de Munillas. El plan consistía en preparar esos guanajos para llevarlos a asar en las panaderías. Dentro del guanajo se iba a colocar un poco de C-3 con un lapicero. Con la explosión se buscaba que la panadería quedara inutilizada. No pudimos hacerlo porque los lapiceros que íbamos a utilizar fueron los que venían en la caja que se rompió en el Club Náutico. Buscamos a un ingeniero eléctrico que no recuerdo su nombre y que funcionaba con la organización, el hombre estudió esos lapiceros pero no pudo reemplazarlos. La operación no se pudo efectuar.

En Miami
El 30 de Diciembre de 1960 viajé a Miami. En esa fecha para viajar fuera del país se necesitaba un permiso que había que obtener en una oficina que habían creado para esos trámites. Obvié todo el procedimiento cuando le entregué la solicitud a Temístocles Fuentes que me la consiguió en horas. Mi señora estaba en proceso de traer al mundo a nuestra segunda hija y se suponía que eso iba a suceder en los primeros días del mes de Enero. La niña no nació hasta el 23 de Enero de 1961. Yo había reservado pasaje para regresar el día 5 de Enero. El 3 ó 4 de Enero, recibí una llamada de mi socio de bufete, el

Dr. Francisco Menéndez Riera, en la cual me informó en clave que Bebo Acosta había tenido problemas y que todo estaba muy complicado. Me indicó que el próximo día llegaría a Miami una persona que me traía los documentos que yo le había pedido para presentarlos en la Corte en Miami. La persona que vino resultó ser el Dr. Oscar Salas, abogado, que formaba parte de la Dirección Nacional del MRR. Salas me comunicó que autoridades del régimen habían ido a buscar a Bebo a su casa pero como no lo conocían personalmente, Bebo, avisado por una sirvienta que lo estaban buscando unos agentes de la autoridad, agarró un par de pomos de leche vacíos y les salió por otra puerta fingiendo ser el lechero. Así pudo escapar del Reparto y pudo asilarse en la embajada de Honduras. Yo le había dejado a Bebo mi automóvil y fue ocupado por agentes en el garaje de su casa. Por el automóvil y por informaciones que parece tenían, la Dirección del Movimiento estimó que a mí me estaban buscando también. Las instrucciones para mí eran que me quedara tranquilo en Miami hasta nuevo aviso porque en ese momento no podía regresar.

Al siguiente día de llegar a Miami, me reuní con Santiago Babún y con Rolando Martínez. Comencé a informarles cómo estaba la situación en Cuba y los progresos que se empezaban a percibir en el MRR y en las gestiones de Francisco. Comentando sobre la posibilidad de nuevos puntos de infiltración, les conté que varias veces Francisco había tratado de concertar por teléfono en Matanzas a un amigo de él, Jorge Fundora, que pensaba lo podía ayudar en ese objetivo. Ellos me indicaron que Fundora estaba en Miami desde hacía un corto tiempo y que si quería podíamos hablar con él. Esa misma noche nos fuimos al frontón Jai Lai, donde trabajaba Fundora y lo esperamos a que saliera de su trabajo. Me lo presentaron e inmediatamente le comuniqué que Francisco lo estaba tratando de localizar para tratar de operar un punto de recibimiento con él. Me citó para el próximo día por la noche en casa de su cuñado, el Dr. Roberto Rodríguez Aragón. En la reunión en casa de Rodríguez Aragón, estábamos Babún, Rolando, Fundora, Erasmo Martínez y yo. Le expliqué a Jorge todo lo necesario para que comprendiera la urgencia con que Francisco trataba de comunicarse con él. Jorge aceptó inmediatamente regresar a Cuba y ponerse a trabajar con Francisco. Erasmo Martínez iría con él. Yo tenía reservado pasaje para regresar el día 5 de Enero. Quedamos en encontrarnos en mi oficina después de esa fecha. Como alternativa, por si no podía hacer contacto conmigo, le di el teléfono de Bebo Acosta y, la segunda opción, el del Dr. Juan Ramón García que tenía su oficina en el mismo edificio donde estaba localizada la mía. Después de esa entrevista fue que avisaron que no podía regresar por el problema de Bebo. Fundora tuvo que hacer el viaje con el contacto del Dr. García. Por suerte todo salió bien, Juan Ramón lo recibió y lo puso en contacto con Francisco. Fundora comenzó a trabajar enseguida. Reunió y reclutó a una serie de amigos que tenía en Matanzas, formó como especie de un grupo de seguridad que funcionaba como una guerrilla y abrieron un punto de infiltración en una zona en la costa cerca de Arcos de Canasí, colindando con las provincias de Matanzas y La Habana. Ese punto fue conocido en el clandestinaje como el Punto Fundora. Tan pronto quedó organizado ese lugar de recibimiento comenzaron a llegar infiltrados y equipos de todas clases. Por ahí entraron en Cuba los hombres de los teams de infiltración preparados por los americanos, así como miembros del MRR y de otras organizaciones. Por el Punto Fundora nunca hubo problema alguno de detección por parte de las autoridades y todos los materiales y hombres que pasaron por él, llegaron sanos y salvos a su destino.

En los meses de 1961 anteriores a la invasión de Playa Girón, el clandestinaje disfrutaba de su mejor época. Cooperó con esto grandemente la facilidad de la operación del Punto Fundora. Se contaba con una buena cantidad de armas y explosivos, así como que los hombres entrenados de los teams de infiltración contribuyeron a sofisticar las operaciones clandestinas. También ayudaba a mejorar la actividad, el impulso que habían obtenido las guerrillas que estaban operando en las distintas provincias. El Escambray, Matanzas y Pinar del Río fueron las que más se hacían notar en esta guerra. Francisco en su carácter de Coordinador General del Consejo Revolucionario Cubano, comenzó a coordinar la ayuda a todas las organizaciones que formaban esta sombrilla para que se incrementaran las acciones en todo el territorio nacional. Las bombas, los sabotajes, la propaganda y, en fin, todas las actividades ofensivas empezaron a ponerse en activo. Al mismo tiempo comenzó a preparar las unidades de combate que le servirían de apoyo y ayuda a las fuerzas invasoras cuando desembarcaran. A ese efecto comenzó a designar lugares, personas y equipos que se movilizarían cuando se diera la voz de mando.

«PATRICIO»: Jorge Fundora. Jefe de Abastecimientos del Movimiento de Recuperación Revolucionaria (MRR) en el clandestinaje. Organiza el lugar por donde entraron la mayor parte de las armas que usó el movimiento clandestino en su lucha contra la tiranía comunista antes de la Invasión. Por ese lugar entraron los grupos especiales de acción de la Brigada de Asalto 2506, sin una sola baja. Fundora fue quien los recibió. Capturado por los cuerpos represivos del régimen de Castro, fue fusilado en la ciudad de Matanzas el día 12 de octubre de 1961. Tenía al morir 32 años de edad.

Arresto de Francisco

Parece que Francisco, presintiendo que la invasión estaba próxima, convocó a una reunión de líderes para ultimar los detalles de un plan de alzamiento y combate. El lugar escogido para la reunión no resultó ser lo seguro que se requería. Fue en una casa en la ciudad de Marianao, no estoy seguro si fue en el Reparto Miramar. Las versiones que se conocen del incidente son dos: Dicen que una criada de una casa vecina, al ver varios automóviles reunidos en el lugar llamó a las autoridades que se personaron en el lugar sin saber la realidad de lo que estaba ocurriendo. La otra versión, que parece más lógica, es que algunos de los citados a la reunión estaban siendo seguidos por cuerpos de Seguridad del Estado y cuando vieron tanta gente reunida, decidieron actuar y sorprendieron a los dirigentes en el lugar. Este hecho que se produjo unos días antes de la invasión fue un duro golpe para el clandestinaje. Casi todas las organizaciones se quedaron sin sus líderes principales. La incapacidad y la incertidumbre de muchos de los que estaban involucrados en estas actividades, ya que no conocían a cabalidad los planes a seguir produjo una situación de inseguridad. Aunque algunos mantuvieron su ecuanimidad y trataron de llevar la lucha adelante. Uno de ellos fue Fundora en Matanzas. Para rematar la tragedia, se produce la invasión de Girón. La tiranía de Castro en una medida sin precedentes en Cuba, ordenó el arresto de toda persona de que se dudara o fuera sospechosa de no simpatizar con el régimen. Recluyó a todos los detenidos en campos de concentración que organizó en distintos lugares y a donde iban conducidas todas esas personas. Se supone que en todo el país fueron arrestadas más de 500,000 personas. Los lugares donde fueron concentradas carecían de las condiciones necesarias para alojarlas y mantenerlas en estado de arresto. No le dio cuartel a nadie con estas órdenes. Muchos de los miembros y colaboradores de las organizaciones clandestinas se escondieron, se asilaron en embajadas, huyeron del país o cayeron presos. Lo inesperado de la invasión cogió de sorpresa a todos los dirigentes que aguardaban la señal. Las acciones de soporte y ayuda, así como las armas y equipos que se iban a usar se quedaron en suspenso y guardadas. La invasión que se esperaba como la acción principal para detonar la guerra en conjunto con las fuerzas clandestinas, resultó ser la actividad condenatoria que eliminó una labor tenaz y audaz llevada a cabo por dos años, en la que muchos hombres y algunas mujeres perdieron sus vidas, fusilados o en acciones, y una gran cantidad guardó prisión por largos años. Los que mejor y con más suerte pudieron evitar esos dos males, tuvieron que asilarse o huir del país, con o sin sus familias, dejando atrás Patria, hogar, bienes, profesiones, oficios y el dolor del fracaso inexplicable.

Reorganización del clandestinaje

La lucha clandestina no terminó con Girón. Pasado un tiempo corto, los hombres del MRR que quedaron en Cuba comenzaron a organizarse de nuevo. Se designó una Directiva Nacional y se nombró a Carlos Bandín, Coordinador General. Bandín había estado trabajando con la organización desde hacía tiempo y fue designado para la Sección de Abastecimiento cuando Bebo Acosta se asiló y tuvo que salir del país. Con Bandín, Carlos Acosta, el «Mejicano», Cheo Martoris, Humberto Castellanos, José Mercochini y otros más se recuperaron equipos, se activaron casas de seguridad y se comenzaron a concebir nuevas actividades. Se planeó un atentado a Fidel Castro y otro a Carlos Rafael Rodríguez. Los dos fracasaron. En el de Carlos Rafael Rodríguez, se emboscaron en la Vía Blanca por donde se había obtenido información que iba a pasar a una hora determinada. Al pasar el carro en el que viajaba, le comenzaron a hacer disparos con las armas que tenían. Viendo Martoris que no lo alcanzaban, le quitó el seguro a una granada que portaba y le corrió detrás para tirársela, tropezó y cayó en un hueco que había en el terreno y la granada le explotó en el pecho, muriendo en el acto.

Cuando se iba a realizar el atentado a Fidel, arrestaron a Carlos Bandín. Un oficial de la marina rebelde que se había filtrado en la organización colaboró con él en ese hecho y cuando se preparaban para poner el plan en ejecución dio el chivatazo. Las ergástulos del régimen estaban llenas de presos políticos sometidos a causas criminales totalmente ilegales, presididas por tribunales espúreos que condenaron a mansalva a muchos patriotas.

En esos días llegó de Miami, infiltrado, Manuel Guillot que traía la misión de reorganizar el MRR. Fue detectado por los agentes del gobierno, procesado y fusilado. Fue un héroe más de los caídos en esta lucha.

El Chivato pasó a ser un personaje principal en la tragedia que se vivía. La lucha continuó por un tiempo más. El Escambray con sus guerrillas logró mantenerse y darle más guerra al régimen. Allí se produjeron verdaderos actos de heroísmo que esos guerrilleros, acosados y diezmados por tropas muy superiores en armas y número de personas escribieron para nuestra historia. Para acabar con el Escambray, el tirano ordenó uno de los actos más dolorosos y sangrientos de esta lucha. Movilizaron toda la población de las zonas del Escambray donde operaban las guerrillas, trasladando familias enteras con todas sus pertenencias a la provincia de Pinar del Río. Más de 100,000 personas se calcula que fueron movidas para lugares que como Sandino se han convertido en pueblos concentrados, en los cuales sus habitantes no se pueden mover del lugar sin previo permiso de los encargados de esos campos de concentración: Pueblos aprisionados.

La crisis de Octubre de 1962 debilitó hasta casi extinguir el clandestinaje dentro de Cuba. Muchos de los combatientes que pudieron escapar a la prisión o al pelotón de fusilamiento, tuvieron que salir del país. Atrás quedó el recuerdo de una lucha efectuada contra fuerzas superiores, entrenadas y amparadas por el imperio soviético. Fueron las víctimas de una ayuda débil y tal vez tramitada sabe Dios con qué clase de intenciones. Hoy en día, después de más de 40 años de tiranía, el cubano del destierro se siente más solo que nunca en su lucha y lo peor del caso, totalmente incomprendido.

«MONTY»: Manuel Guillot Castellanos, Jefe Nacional del MRR en el clandestinaje, después de la Invasión de Bahía de Cochinos. Miembro fundador de esta organización. Lleva la responsabilidad de la lucha clandestina después de la muerte de Francisco. En dos ocasiones sale y vuelve a infiltrarse en Cuba, sabiendo que es buscado por los cuerpos represivos. Es capturado y fusilado el día 30 de agosto de 1962, a los 25 años.

«FRANCISCO»: Ing. Rogelio González Corzo. Fundador del Movimiento de Recuperación
Revolucionaria (MRR). Coordinador Nacional del mismo. Llega a ser Coordinador General del
Frente Revolucionario Democrático (FRD) y jefe principal del clandestinaje antes de la Invasión
de Playa Girón. Es capturado por el gobierno de Castro y fusilado el 20 de abril de 1961 , en la
Fortaleza Militar de La Cabaña. Tenía sólo 28 años en el momento de su muerte.

Carta despedida a su familia de Rogelio González Corso (Francisco)

20 abril-1961

Queridísimos Padres y hermanos:

Se lo que representa para Uds. el momento en que reciban la noticia de mi muerte encontrándose Uds. lejos de donde yo estoy. Quiero decirles que esto fue siempre lo que yo le pedí a Dios, creo que hubiera sido para Uds. un sufrimiento mayor moral y quizás físico si hubieran estado aquí y hubieran tenido que pasar por todo este tiempo que entre mi prisión y mi muerte duró 32 días.

No tienen en ningún momento que abochornarse de mi prisión y fusilamiento, al contrario espero que estén orgullosos de su hijo que supo adoptar una postura correcta en el momento en que Dios y la Patria pedían el sacrificio de su hijo. Quiero que sepan que era la única postura que podía tener en situaciones como las que esta atravesando la Patria en estos momentos.

Esta se la estoy escribiendo a las 2 a.m. del día 20 de Abril. Estoy en una celda que le dicen capilla. Ya que mi muerte es cuestión de minutos quiero que de esta manera sepan Uds. que mi último pensamiento en la tierra, mientras tuve un minuto de vida fue para Uds. y mis queridos hermanos.

Padres, hermanos sólo tengo una terrible preocupación pero confío que siendo mi ultima voluntad esa preocupación deje de serlo y se convierta en una gran alegría. Ella es la vida espiritual, la vida religiosa de Uds. Saben que siempre mi preocupación fue la Religión Católica y tratar de hacer la voluntad de Dios. En estos momentos estoy seguro de la que estoy cumpliendo y quiero que esta muerte mía, de la cual deben estar orgullosos, sirva para que Uds., papá y mamá, me hagan la promesa de ir a Misa todos los Domingos y de confesarse y comulgar los dos y después hacerlo regularmente. Que mis hermanos Manolito e Isidro hagan Ejercicios Espirituales actualmente, que se confiesen y comulguen mensualmente y vayan a misa todos los Domingos. Traten de ser buenos esposos con las dos joyas que tienen Laurita y Fifí a las cuales también les pido mejoren su vida espiritual. Para mi sobrino Carlos Manuel que le digan lo mucho que su tío lo quería, que murió para que tuviera una Cuba digna y Católica y por favor que vaya a un Colegio Católico, recuerden que es más importante salvarse que saber Ingles. A mi ahijada y mis dos sobrinas muchos besos. Que vayan a colegios Católicos y que sean buenos hijos todos.

En estos momentos en que la muerte toca a las puertas sabrán Padres y Hermanos que estoy con gran tranquilidad, lo mismo que todos mis compañeros, ya que ello me abre las puertas del cielo y de la vita eterna. Además me lleva al lado de Abuelita y de mis abuelos, donde si Dios quiere los espero a todos ustedes.

Recuerden no se lamenten esto es lo mejor, recuerden que los espero en el Cielo, que tengan fortaleza como yo la tengo en estos momentos y que me voy con una sola preocupación, su vida espiritual. Por favor no la abandonen, que en ningún momento mi problema vaya a afectar el catolicismo de Uds., al contrario lo fortalezca. Sin más, esperándolos en el Cielo, queda su hijo que nunca los olvida y los espera con los abuelos.

Rogelio

Líderes de la clandestinidad fusilados por el régimen de Castro el día 20 de abril de 1961.
Detrás de izquierda a derecha: Eufemio Fernández, Lito Ruiz, Rogelio González Corso (Francisco),
Eduardo Lemus, Narciso Peralta, Orestes Frías.
Al frente: Ernesto Rivero, Rafael Díaz Ascón, Nemesio Rodríguez y Humberto Sorí Marín.
Fusilados en la misma causa que no aparecen en la foto: Domingo (Mingo) Trueba y Ramón (Ñongo) Puig.

«Carlay»: Carlos Rodríguez Santana. No. 2506 de la Brigada. Fundador del Movimiento de Recuperación Revolucionaria (MRR) y primer coordinador territorial del mismo. Fundador de los campamentos de la Brigada de Asalto que desembarcó en Cuba el 17 de abril de 1961. Muere en los campos de entrenamiento, el 7 de septiembre de 1960. En su honor la Brigada se llama BRIGADA DE ASALTO 2506. Tenía 24 años al morir.

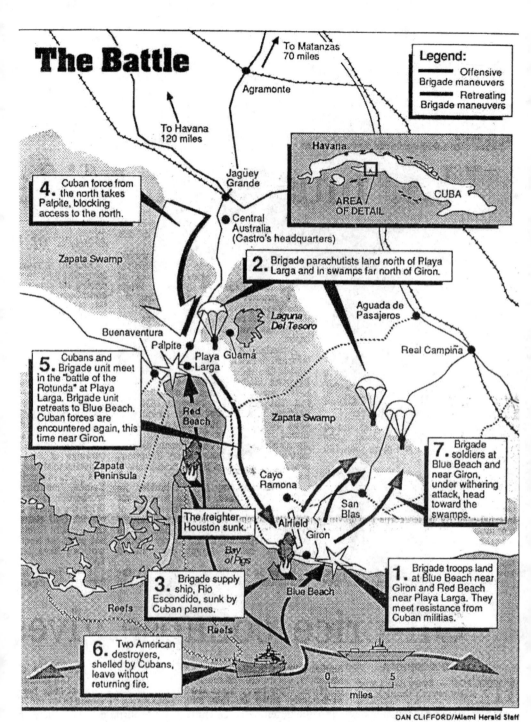

The Battle

Legend:
— Offensive Brigade maneuvers
▬ Retreating Brigade maneuvers

To Matanzas 70 miles

Agramonte

To Havana 120 miles

Jagüey Grande

Havana

AREA OF DETAIL

CUBA

Central Australia (Castro's headquarters)

4. Cuban force from the north takes Palpite, blocking access to the north.

2. Brigade parachutists land north of Playa Larga and in swamps far north of Giron.

Zapata Swamp

Laguna Del Tesoro

Aguada de Pasajeros

Buenaventura

Palpite

Playa Larga

Guamá

Real Campiña

5. Cubans and Brigade unit meet in the "battle of the Rotunda" at Playa Larga. Brigade unit retreats to Blue Beach. Cuban forces are encountered again, this time near Giron.

Red Beach

Zapata Swamp

7. Brigade soldiers at Blue Beach and near Giron, under withering attack, head toward the swamps.

Zapata Peninsula

Cayo Ramona

San Blas

The freighter Houston sunk.

Airfield

Giron

Bay of Pigs

3. Brigade supply ship, Rio Escondido, sunk by Cuban planes.

Blue Beach

1. Brigade troops land at Blue Beach near Giron and Red Beach near Playa Larga. They meet resistance from Cuban militias.

Reefs

Reefs

6. Two American destroyers, shelled by Cubans, leave without returning fire.

0   5
miles

DAN CLIFFORD/Miami Herald Staff

Mapa de las operaciones en Bahía de Cochinos

III

PLAYA GIRÓN

Llegué a Miami, Diciembre 30 de 1960. Nunca pensé que este viaje me iba a alejar de mi Patria por más de 40 años. El anuncio de Oscar Salas, que no podía regresar por el momento ya que podían arrestarme, me situaba en una posición indecisa. Yo quería seguir la lucha que había empezado en Cuba. Para orientarme, comencé a hacer contactos con amigos del exilio. Uno de ellos fue Jesús Gutiérrez. Jesús era mi amigo y cliente en Cuba. En Miami había establecido un negocio similar al que tenía en Regla, Cuba. Una planta congeladora y empacadora de pescados y mariscos, con el mismo nombre: «Fresquito». Además, Jesús tenía contactos con agentes de la CIA. Conversando me hizo saber que él había tratado sobre mi persona con esa gente y que ellos querían conversar conmigo. Hicimos una cita y allí conocí a un agente cuyo nombre de guerra no recuerdo. El hombre me dijo que estaba interesado en que trabajara bajo la dirección de la Agencia pero que tenía que pasar un test de detector de mentiras previamente. Acepté y una vez cumplido ese requisito, me informó que iban a investigar cuál era mi situación dentro de Cuba.

A los 2 ó 3 días me llamó y nos citamos para conversar. Ahí me explicó que de acuerdo con sus investigaciones, el gobierno cubano no estaba buscándome, no existía orden de arresto alguna en mi contra. Me propuso tomar un entrenamiento intensivo y que en unos 30 días regresara a Cuba por el aeropuerto de La Habana. Como me encontraba desesperado y molesto por la inutilidad para servir a nuestra causa, acepté sus condiciones. Comenzaron a darme clases sobre actividades clandestinas. Buscar lugares para operar, *dead drops*, reuniones, hacer y evadir vigilancias, entrevistas con otros agentes, analizar salidas y entradas de lugares de operación, escritura secreta, recepción de mensajes mediante códigos, en fin, en menos de 15 días, me habían enseñado casi todo lo básico para convertirme en un agente de la CIA. Más o menos sobre el 25 de Enero comenzó a plantearme el regreso a la Isla. Conversando con Santiago Babún le expliqué la situación. Santiago me respondió que no le veía solidez ni ventaja alguna a esa decisión, puesto que la invasión ya estaba planeada para hacerse y que me iban a inutilizar los castristas en mi gestión, mas que podía caer preso de inmediato. Que si yo quería integrarme de nuevo a la lucha, él me aconsejaba que me alistara para ir a los campamentos y así podría ir en la invasión a Cuba. Después de pensarlo un poco, esa fue mi decisión. El hombre de la CIA trató de convencerme de que lo mejor era lo que él me proponía. Le contesté que sólo el interesado podía decidir el lugar y modo en que tal vez iba a encontrar la muerte. Presenté mi solicitud de alistamiento en una oficina del Consejo Revolucionario. Procesaron mi solicitud y me llamaron enseguida.

Jesús Gutiérrez me recogió y me llevó a las oficinas del Consejo en Coconut Grove el día que me citaron para ir a los campamentos. Al poco rato éramos un total de 42 personas que íbamos en el mismo viaje. Revisaron nuestra documentación y nos montaron en unos camiones completamente cubiertos, de manera que no sabíamos por donde íbamos. Al llegar estábamos en una nave de un aeropuerto. Allí supimos que estábamos en el aeropuerto de Opa Locka. Entregamos nuestra ropa y pertenencias. Nos dieron unos uniformes de color verde oscuro con una gorrita azul y una bolsa con otros aditamentos. Acto seguido, nos embarcamos en un avión que estaba esperando por nosotros.

No se a qué hora salimos ni a que hora llegamos pero al amanecer, como a las seis o las siete de la mañana, estábamos aterrizando en Retaluleo, Guatemala. Nos trasladaron a un comedor amplio donde nos sirvieron un suculento desayuno. Un rato después, nos montaron en unos camiones descubiertos y agarrados a unas barandas laterales empezamos a movernos hacia la Base Track. Esta Base Track estaba situada en la cima de una loma por una carretera llena de piedras, bastante incómoda. A mí me pareció que íbamos en una batidora. Como tres horas después arribamos a la Base. De los camiones fuimos conducidos a una explanada y nos formaron en una fila militar. El Jefe de la Brigada, José Pérez San Román, y otros miembros de la Jefatura nos dieron la bienvenida. Terminada la ceremonia, nos mandaron para una barraca con el Instructor que nos designaron, de apellido Piñeyro. En la explanada uno de los Jefes que nos presentaron fue a Yayo Varona, Jefe del G-2. Uno de los hombres que integraban mi grupo, José Cantón Bobadilla, a quien le apodaban el Ruso, comenzó a protestar por el nombrado G-2 en nuestras fuerzas pues él había tenido muchos problemas con el G-2 castrista. El Instructor Piñeyro trató de explicarle lo que significaba esa estructura en lo militar. El Ruso no aceptó la explicación y como resultado de la discusión se produjo una pelea a puño limpio entre los dos. El Ruso fue arrestado y puesto bajo custodia, sujeto a un consejo de guerra. El día del juicio yo me presenté como abogado defensor del Ruso. Aceptaron mis alegaciones y el Ruso quedó absuelto de todo cargo.

La barraca en que nos alojaron tenía unas camas tipo literas, una encima de la otra. Delante de la cama, una caja grande donde guardábamos nuestras ropas y otras pertenencias. A los lados, pegados a la pared, unos estantes para poner otras cosas. Todo este andamiaje había que estar arreglándolo todos los días, después de las sacudidas diarias que producía el Volcán Santiaguito. La Base Track se encontraba situada en una explanada rodeada de montañas, vigiladas por su guardián natural, el Volcán Santiaguito. Este tipo, todos los días, como a las 4 de la tarde zumbaba unas sacudidas que tumbaban todos los artículos que estuvieran colocados en la barraca. Además, cuando sacudía, si íbamos caminando, la tierra se abría a nuestros pies ligeramente. Aprendimos algo de Santiaguito. Las piedras volcánicas no pesan casi nada, por lo que se pueden cargar de gran tamaño sin esfuerzo alguno.

Entrenamiento

El entrenamiento que comenzó desde el día siguiente a nuestra llegada, fue algo de qué contar. Como a las 5 de la mañana nos metieron un tremendo grito: «DIANA». Los improperios y malas palabras de los reclutas no se hicieron esperar. Yo no recordé cuántas Dianas yo había conocido pero en ese momento comencé a odiarlas a todas. Nos sacaron de la barraca y nos formaron en filas de 4 ó 5 personas. Nos dieron los rifles Garants y bien abrigaditos nos hicieron correr y caminar por aquellas lomas hasta que amaneció. Esto se repitió diariamente durante el entrenamiento básico. Al frente de esta corredera iba Roberto Pérez San Román, hermano del Jefe de la Brigada y quien a su vez era el Jefe del Batallón de Armas Pesadas. Después de la carrera, descansábamos un rato y pasábamos a desayunar. Un desayuno de campaña bastante nutritivo. Luego del desayuno, nos llevaban a unas clases de arme y desarme de distintas armas: el

53

Garant, M-1, M-2, M-3, ametralladora Thompson, BAR, ametralladora calibre 30, bazuca, recoiler 57, granadas de mano, granadas para rifle. Mas tarde te llevaban al campo de tiro para que dispararas o manejaras ese tipo de arma que te enseñaban. Seguía el almuerzo con un pequeño descanso. Volvías a las clases y cuando éstas se terminaban, comenzaban de nuevo las carreras, esta vez sin el rifle. Cuando terminábamos nos daban un tiempo para asearnos y prepararnos para la comida. Los primeros días el agua estaba racionada. Había un pequeño arroyuelo que caía por una loma formando una tirita de cascada. Como a dos metros del saliente de la loma se podía bajar y con el agua que caía te dabas un estupendo baño. El problema estaba que para bajar al saliente, tenías que hacerlo amarrado por la cintura y los hombros. Tres o cuatro hombres te sujetaban la soga para bajarte, bañarte y después subirte. Esa forma de baño se usó hasta que trajeron un tanque de agua grande, que colocaron en una base y por una cañería instalaron unas duchas donde una lloviznita de agua servía para darte tu baño diario. La peste a sucio en las barracas era de madre.

Dos o tres veces a la semana nos mandaban un ejercicio que le llamaban de infiltración. La susodicha infiltración se realizaba en la explanada del campo de tiro donde había que subir casi un kilómetro de loma. Te colocaban en grupos al final de la explanada. En la parte opuesta, había un andamiaje de madera de unos tres metros en el que colocaban una ametralladora calibre 30 fija. Esta ametralladora disparaba y las balas cruzaban a una altura de un metro o metro y medio. Teníamos que comenzar a arrastrarnos con el rifle entre los brazos por todo el terreno hasta llegar a donde la ametralladora estaba emplazada. En la travesía por el terreno había unos huecos que tenían explosivos sin metralla, que te detonaban cuando pasabas y la explosión al lado de tu oído era como para pararse y salir corriendo. Lo malo era que la ametralladora no te lo permitía. En esa explanada se realizaban distintos ejercicios que pudieran haber estado relacionados con la guerra de guerrillas.

Terminado el entrenamiento básico pasamos a formar parte de distintas unidades. Por ejemplo, los que querían ser paracaidistas, armas pesadas, tanquistas, etc.

Algo que me impresionó cuando llegué al campamento fue el número de integrantes que había en ese momento. En Miami se hablaba de una cantidad de 10,000 personas. La cantidad de integrantes de la Brigada cuando yo llegué alcanzó el número de unos 800 reclutas. Este grupo de 800 hombres se suponía iban a integrar los que comenzarían una guerra de guerrillas. Para esa encomienda era que se estaban entrenando. Esa decisión fue cambiada unos días después de mi llegada para una guerra convencional. La formación de batallones y el incremento de voluntarios fue una consecuencia de ese cambio.

Cuerpo jurídico

Después de terminado mi entrenamiento básico, cuando se empezaban a determinar a las unidades que uno iba a integrar, los abogados, doctores Manolo Penabaz y José Rojas que formaban una Sección de Compañía de Jefatura nomenclaturada como la Sección Jurídica, me llevaron a formar parte de la misma. Yo acepté porque sentía que de esa manera podía llenar en mejor forma mis posibilidades de servir a la causa nuestra. El cuerpo jurídico de la Brigada quedó integrado como parte de la Compañía de la Jefatura formada por Manolo Penabaz, José Rojas, José E. Dausá, actuando de secretario José García Montes, nuestro querido embajador. Pusimos en vigor un Código Penal y una Ley de Procedimiento que redactamos para resolver los problemas de violación legal que pudieran presentarse en la Base, así como para los que pudieran se presentarían una vez obtenido el triunfo.

En el tiempo que estuvimos en Guatemala fueron pocos los casos legales que tuvimos que resolver. Hubo dos o tres casos de indisciplina y de peleas entre algunos de los brigadistas. El caso más sonado fue el de un Jefe de Batallón, que junto con dos miembros del mismo, se fueron una noche fuera del campamento a un pueblito cercano a la Base donde había un cabaret prostíbulo. Se tomaron unos tragos y se enfrascaron en una disputa con un Coronel del Ejército Guatemalteco que estaba allí. Pusieron al Coronel a hacer planchas. Fueron arrestados y devueltos al campamento. Los guatemaltecos militares protestaron de la conducta de esos individuos y exigieron que fueran sometidos a la justicia. La Brigada reclamó que serían juzgados por un tribunal militar nuestro. Se constituyó un Tribunal de Guerra para juzgar a los tres acusados. El Tribunal fue formado por Alejandro del Valle, Jefe del Batallón de Paracaidistas que lo presidió, y Manolo Penabaz y José Rojas como miembros integrantes. Yo fui designado Fiscal de la Brigada en la causa. El juicio se celebró en una finca a donde habíamos sido trasladados para celebrar unas operaciones de entrenamiento junto con la aviación nuestra. Después de las presentaciones de testigos y agotadas las pruebas presentadas por las partes, fueron condenados a ser encarcelados mientras fuéramos a la invasión y que su situación sería revisada en Cuba. Los acusados presentaron una apelación sostenida en su favor por el Dr. José Miró Torra. Se alegó que los encausados actuaron bajo la influencia de bebidas alcohólicas ingeridas y se sacó a colación el expediente personal que mostraba una conducta valiente y patriótica de los mismos. El Tribunal aceptó reintegrar a los acusados a sus cuadros militares con rangos rebajados y que se observaría su actuación en la invasión a producirse.

En unos días comenzaron a llegar más voluntarios al campamento. Se empezó a operar el cambio del plan inicial de guerra de guerrillas a otro de guerra convencional. El procedimiento final estaba decidido. Iba a producirse una invasión. El arribo de más de 300 hombres motivaron la formación de 2 ó 3 batallones. Que yo recuerde se integró el Batallón 5 y el 6. Cada batallón constaba de unos 175 a 180 hombres. Cada uno tenía su jefatura formada por el Jefe de Batallón y el Segundo Jefe.

Los Jefes de Compañías integraban la compañía de morteros, observadores avanzados, infantería, ametralladoras, bazucas, recoilers. Todos llevaban municiones y armamentos escogidos. Era una brigada ligera con un poder de fuego impresionante. El batallón de armas pesadas manejaba los morteros 4.2. Estaba la compañía de tanques ligeros de un movimiento y rapidez asombrosa y que en Girón cumplieron su cometido a cabalidad.

También llegó al campamento un grupo de unos 50 hombres al mando del coronel Vicente León integrando lo que se llamó la Operación 40. Este era un grupo de inteligencia y ocupación de objetivos. Con todos estos ingredientes, la actividad en el campamento era impresionante. El entrenamiento de los nuevos reclutas se intensificó de modo total. La moral de los integrantes de la Brigada era suprema. El espíritu y el ansia de combatir eran tan impulsivos, que toda la actividad se concentraba en el trabajo que se realizaba para finalizar los preparativos requeridos. De los alrededor de 800 hombres que calculaba éramos cuando llegué al campamento, se había incrementado el número a unos 1500.

Unos días antes de salir de Guatemala, el Jefe de la Brigada hizo saber a la tropa que íbamos a tener la visita de altos dignatarios del Consejo Revolucionario Cubano de Miami. Los preparativos para recibir a los líderes civiles de la Brigada comenzaron de inmediato. Con sombreros de cowboys, uniformes camuflageados, portando nuestras armas, la Brigada hizo un despliegue de fuerza, marchando en una explanada del campamento preparada al efecto, ante los miembros del Consejo. El Dr. José Miró Cardona, Tony Varona, el Dr. Maceo, unidos al Dr. Manuel Artime, que ya estaba en el campamento en calidad de representante civil del Consejo y Pepe San Román, Jefe Militar, presidieron el acto y dirigieron palabras de aliento y apoyo a la operación de invasión. Terminados los discursos, se cantó el himno nacional cubano y se produjeron exclamaciones sonantes que alentaban a la producción de una acción rápida y decisiva. Fue algo impresionante y de un tono emocionante y patriótico. El llamado al combate quedó establecido de forma indudable. La derrota del castrismo y la libertad de nuestra patria eran una idea segura en todos los miembros de la Brigada. Al concluir el desfile, tuvimos la oportunidad de conversar con el Dr. Miró Cardona, ya que habíamos pertenecido a la Junta de Gobierno del Colegio de Abogados de La Habana, de la cual él era el Decano y yo uno de sus diputados. Me confirmó que la invasión era un hecho y que desechara los rumores que habían llegado al campamento de que el Presidente Kennedy iba a suspender la misma.

Los preparativos para la invasión comenzaron inmediatamente después de la visita de los miembros del Consejo Revolucionario. Las armas, equipos, municiones y algunos hombres fueron despachados a un lugar que se conocía iba a ser el trampolín para de ahí trasladarnos a Cuba. Algo curioso que sucedió en esos días fue la salida del campamento de un grupo de los sacerdotes que integraban nuestras fuerzas. Estuvieron fuera unos días, no recuerdo cuántos. Cuando regresaron tuvimos conversaciones con uno de ellos y así supimos que habían estado en algunos lugares de centro y suramérica, con instrucciones de recoger opiniones sobre la actitud que iba a producirse en esos países cuando se realizara la invasión. Las noticias que nos dieron fueron negativas. La mayoría de esos países se oponían y consideraban esa acción un acto de agresión.

Traslado a Puerto Cabezas y a los barcos
Pronto vino la orden de trasladar la Brigada al «trampolín». Recogimos todas las cosas que nos permitieron y nos llevaron a la Base Aérea de la Brigada en Guatemala. Varios aviones y no se cuántos vuelos se necesitaron para hacer el traslado. Piloteados por aviadores americanos de la CIA, volamos hasta el aeropuerto de Puerto Cabezas, en Nicaragua. Del aeropuerto, en camiones cerrados fuimos trasladados a un muelle donde estaban atracados los barcos que iban a llevarnos a Cuba. Toda la tropa se alojó en los barcos de carga, que supimos eran de una compañía naviera de nombre García. Eran barcos viejos pero de buen tamaño. Tan pronto tuvimos contacto con los compañeros que llevaban unos días en el lugar nos hablaron de la base aérea adyacente, donde estaban los pilotos cubanos que iban a participar en la invasión. Enseguida percibimos los inconvenientes e incomodidades que íbamos a tener. La Sección Jurídica de la Jefatura

fue alojada con parte de dicha Jefatura y el Batallón 3 en el barco Atlantic. Creo que estábamos unos 250 hombres en esa nave. Penabaz escogió para alojarnos debajo de un bote salvavidas de gran tamaño. Allí acomodamos nuestras mochilas con nuestros *sleeping bags*. Teníamos un radio que nos permitió conocer el desarrollo de los acontecimientos y las noticias que venían de Cuba y de nuestra estación en la isla de Swan. En Puerto Cabezas estuvimos unos días. Allí recibimos la visita del Presidente Somoza que desde el muelle le dirigió unas palabras a la tropa.

La comida se preparaba y servía en el barco en los enseres que llevábamos para comida en campaña. Para hacer las necesidades sí era un problema pues a veces la cola era bien larga. El método de posarse por la borda era el más socorrido. Para bañarse se usaban unas mangueras con agua de mar y con un jabón especial se podía mantener uno ligeramente higienizado.

Después de salir, creo que el 15 de Abril, oímos las noticias sobre el bombardeo llevado a cabo por la Brigada sobre los aeropuertos fidelistas en Cuba. Al partir, el Atlantic pasó por un accidente lamentable y trágico. Uno de los artilleros al realizar unas pruebas no se alertó que la ametralladora 50 no estaba bien montada. El resultado fue un reguero de balas en la cubierta del barco, un muerto y dos heridos. En altamar se celebró el sepelio al estilo militar naval de un cubano joven, de unos 20 años: Tony. Fue una ceremonia impresionante. Los dos heridos fueron Adelkis Soto y Novoa, los cuales fueron trasladados a un barco americano que llevaba y estaba preparado para casos de esa naturaleza.

Lentamente, a una velocidad de 5 millas por hora, nos íbamos acercando a Cuba. La noche del desembarco, madrugada del 16 de abril, se celebró una junta integrada por miembros de la Jefatura y oficiales del Batallón 3, en la que nos enseñaron los mapas de la zona donde se iba a efectuar el desembarco. Nos dirigíamos hacia Bahía de Cochinos al sur de la Ciénaga de Zapata, entre las provincias de Las Villas y Matanzas. Por los detalles que aparecían en esos mapas me pareció que el sitio tenía algo de estratégico, por su protección y condiciones del terreno; es más, pensé que nos favorecía aunque tengo que reconocer que para mí toda esa cuestión de estrategia me era poco familiar. Si logramos controlar nuestras posiciones, tendríamos un aeropuerto, una vía compuesta de dos carreteras que eran el único medio de entrada y salida por tierra y como vía de escape, el mar con los barcos americanos detrás de nosotros. No tengo educación militar y por lo tanto no debería aventurarme a lanzar opinión alguna pero sí creo que debo decir cuál fue mi impresión cuando conocí el punto de desembarco.

Desembarco

A las 02:00 del 17 de Abril, la Brigada 2506 comenzó su operación de desembarco en las costas de Cuba. No todo fue jamón. Al poco rato de empezar a trabajar los hombres ranas, a marcar las rutas de desembarco, fuimos descubiertos y comenzó a producirse un inter- cambio de disparos de ametralladoras. Recuerdo como estallidos de luz el camino de nuestras trazadoras calibre 50. En lo oscuro de la noche indicaban el albor de un drama que se iba a producir cuando los efectos de esas balas empezaran a segar vidas de cubanos contra cubanos, de hermanos contra hermanos... Por el radio escuchamos las incidencias que se iban produciendo. Las luces del pueblito de Girón se apagaron completamente. Lo que se había planeado para completar- se en pocas horas, a las 08:00 horas de la mañana, todavía quedaban tropas en barcos por desembarcar. Desde que aparecieron las primeras luces del amanecer, comenzaron los ataques de la aviación de un lado y del otro. La furia del combate aéreo fue una de las páginas más vivientes de Girón. Los aviones nuestros atacaban lanzando las bombas y proyectiles que cargaban. Los cazas de los fidelistas, que por su rapidez tenían una ventaja notoria en el combate, arremetían contra los indefensos B-26. Así fueron cayendo algunos de los nuestros. Desde el barco, recuerdo que un B-26 nuestro huyendo de un rápido fidelista, se lanzó casi en picada hacia el mar, volando a raso con las olas. De esa manera creo que escapó de que no lo derribaran. Después me dijeron que Ponzoa era el que había realizado esa operación de escape. Uno de los aviones castristas se lanzó a atacar al Atlantic. Todos, lidereados por Manolo Penabaz, formamos una cortina de fuego disparándole al avión. Pero el artillero de proa se enfrentó al avión con su calibre 50 y lo derribó bajo una cortina de humo en su cola. Entró directamente al mar sin levantar casi agua alguna. Que En Paz Descansen.

Antes de desembarcar pudimos observar y por los informes que nos llegaban de nuestras fuerzas de avanzada, que la batalla estaba en todo su apogeo. El frente en Playa Larga estaba consolidado y todas las intenciones del enemigo de penetrar hacia nosotros habían sido rechazadas victoriosamente. En medio de ese ardor del combate se nos ordenó desembarcar hacia Girón. Era un poco más de las 8 de la mañana. El Atlantic se acercó lo más que pudo a tierra, y con el agua casi al cuello y las armas y municiones en alto llegamos a tierra. Por suerte no fuimos atacados por la aviación castrista. Comenzamos a caminar hacia las posiciones donde estaba funcionando la Jefatura de la Brigada. Mientras avanzábamos hacia esas dependencias, un avión fidelista atacó y voló con una bomba al barco Río Escondido.

En las instalaciones de la Jefatura comenzamos a recibir instrucciones de las funciones que teníamos que desarrollar en ese escalón de retaguardia. Nuestra actividad no consistía en pelear en el campo de batalla. Yo estuve trabajando con el coronel Vicente León en interrogatorios para recibir información de vecinos del lugar a fin de conocer posición y número de tropas destacadas en ese lugar. También comenzamos a procesar prisioneros del campo del Ejército Rebelde que en gran número se estaban rindiendo. En esa labor, recuerdo que me acerqué a un colegio que funcionaba en Girón y donde me encontré una maestra vestida de miliciana con su hijo de unos 10 ó 12 años vestido también de miliciano. En la pizarra del colegio todavía tenían escritas consignas alabando al régimen comunista y a sus líderes. La maestra y su hijo fueron detenidos y puestos bajo guardia.

Durante los dos primeros días de la invasión, el ataque de la aviación comunista fue constante. Como no teníamos defensa antiaérea se movían libremente. Desde luego, esos ataques no causaron baja alguna en nuestras filas debido a que se percibían por anticipado y uno podía cubrirse del mismo. Recuerdo un solo herido de esos ataques y fue porque, imprudentemente, se quedó sentado en el portal de una casa al descubierto como retando a que los aviones lo atacaran.

La primera noche de la invasión, o sea el 17 de Abril, junto con el Jefe de la Brigada me trasladé a su instancia, a una posición en la costa de Girón. Pepe San Román tenía un mensaje de los americanos en el que le decían que le iban a llevar equipo de comunicación, municiones y armas. Estuvimos esperando en el lugar y hora acordados por más de dos horas después del tiempo prometido. Pepe San Román hizo contacto por radio y le dijo a los americanos hasta «alma mía». No se cuál fue la excusa americana. Pepe era un hombre muy callado y consciente de su posición pero no hay duda de que estaba furioso por la conducta americana.

Al segundo día del desembarco, es decir el 18 de abril por la noche, a algunos miembros de la Compañía de Jefatura se nos ordenó, bajo el mando de Rojitas, un oficial de la Jefatura, trasladarnos al pueblo de San Blas donde habían unos heridos del Batallón de Paracaidistas para traerlos a Girón. Se hizo la operación y los heridos se llevaron a Girón pero para ello hubo un intercambio de fuego que se supone fue con fuerzas de avanzada de la milicia castrista. Los heridos iban a ser evacuados en un avión que debía, y así lo hizo, aterrizar en Girón para recoger al piloto Matías Farías que había sido derribado en combate y estaba herido en nuestras posiciones de Girón. Supe después que los que aterrizaron para llevarse a Farías no tenían órdenes y no se pudieron llevar a los otros heridos.

Esa noche del 18 de Abril las cosas lucían mal. En horas de la madrugada y después del viaje a San Blas, me dieron un descanso que aproveché para refugiarme en una casa. Me senté en el suelo recostado a una pared. Había en Girón en esos días una arribazón de cangrejos que se arrastraban en tu paso y que no podías evitar aplastarlos. Para mí, no sé si eran cientos o miles, pero el mal olor de estos cangrejos aplastados era de película. Pero a pesar de los cangrejos pude recostarme un rato. Poco después se sentó a mi lado otro brigadista. En la oscuridad en que estábamos al fin pude reconocer al vecino. Era mi amigo Carlitos Guas. Cuando Carlitos llegó al campamento en los últimos grupos que arribaron, yo fui quien lo entrevistó en la Jefatura. Carlitos era mi amigo de muchas fiestas en el Casino Español. Él había sido congresista en el gobierno de Batista. Éramos buenos amigos y jugábamos softball en el Casino. Yo sabía que Carlitos no estaba físicamente preparado para el corto tiempo que quedaba para la invasión. Además, el entrenamiento intensivo podía afectarlo ya que él no estaba acostumbrado todavía a esos procedimientos. Conseguí que lo designaran para el Batallón 6, sin decirle nada a él, para no herir su sentimiento. Entonces hablé con el Jefe del Batallón 6, Paquito Montero, mi amigo, y lo destacaron en la Compañía de Morteros de ese batallón. Esa noche en vez de descansar nos pusimos a conversar. Hablamos del Casino Español, de amigos comunes, de fiestas donde estuvimos juntos y compartimos, de su familia y de la mía. Al amanecer llamaron al Batallón 6 para reforzar un frente donde se batía el Batallón 3. Recuerdo que comentamos que la situación no parecía favorable a nosotros. Carlitos me dijo estas palabras: José Enrique, si perdemos esta guerra yo no me dejo coger vivo, tendrán que matarme, ese hijo de puta no me va a pasear a mí por la televisión. Me enteré después que Carlos combatió sin rendirse hasta que murió abatido por las balas del enemigo.

19 de abril

En la mañana del 19 de abril, como a las 07:00, nos vino una orden para que nos trasladáramos al aeropuerto donde iban a lanzarnos municiones y equipos para seguir peleando. En unos paracaídas lanzaron unas cajas. No recuerdo la cantidad exacta pero sí se que no eran suficientes. Las cajas fueron llevadas a la Jefatura y de ahí fueron repartidas a las tropas. Yo creo que el material que mandaron no era suficiente para sostener un ataque por más de una hora. La situación esa mañana comenzó a mostrarse contraria en todo. El ataque de la artillería enemiga no nos dejaba tiempo para nada. Era un fuego nutrido que casi no daba tiempo para resguardarse de los obuses que caían. Además, la aviación comenzó a hostigarnos constantemente. Ya a las doce del día toda nuestra resistencia era a la defensiva. Llegaron algunos heridos que eran atendidos por nuestros médicos en situación precaria. Recuerdo haberme encontrado con Pepe Milián, amigo mío, quien me dijo había perdido sus espejuelos durante el combate. Yo tenía dos pares y le entregué uno de ellos a Pepe. No se si le sirvieron mucho pero se los puso y continuó a buscar a su batallón. En Miami me enteré que Pepe Milián fue una de las víctimas de la rastra de la muerte.

De la Jefatura recibimos una orden para que un grupo nos moviéramos a una carretera que hacia el Este podría comunicar con Cienfuegos. La idea era aguantar cualquier avance del enemigo por esa ruta. Cuando nos dirigíamos hacia esa vía, divisamos un grupo de hombres vestidos con lo que parecía un uniforme verde olivo. Se movían por dentro de unas matas sembradas en el lugar. Nos parapetamos y tomamos posiciones para combatir a los que suponíamos eran enemigos. Comenzamos a dispararles hasta que uno de ellos en el medio de los tiros gritó y se identificó como uno de los nuestros. Eran un grupo de los hombres ranas que habían participado en el desembarco y que vestían ese uniforme distinto al resto. Por suerte, del tiroteo sólo hubo un herido en una pierna. Una parte del grupo regresó a las instalaciones de la Jefatura para entregar al herido y dejar a los demás hombres ranas allí.

El barco de la muerte
Como a las 2 ó las 3 de la tarde, el Jefe de la Brigada comunicó a todas las fuerzas que se desplegaran en retirada y que cada hombre intentara salvarse a su manera. Cuando esto sucedió me encontré con el Dr. José Rojas de la Sección Jurídica y comenzamos a caminar para reunirnos con el grupo de Roberto Varona que estaba caminando por la carretera hacia Cienfuegos. En el camino me encontré con Mony Montalvo. Mony había sido compañero mío en el Instituto del Vedado. También recuerdo que él ocupó un cargo de oficial de la policía en la época de Batista. Mony nos dijo que había observado un bote de pesca que estaba anclado cerca de la playa y que tal vez nos serviría para alcanzar los barcos americanos que se veían bastante cerca. Comenzamos a caminar hacia el malecón para ver el bote. En el camino nos encontramos con Manuel Artime y un grupo de sus

amigos que nos propusieron unirnos a ellos para tratar de alcanzar las lomas del Escambray. Yo me acordé que cuando ví los mapas de la invasión, la situación en que estábamos localizados hacía extremadamente difícil poder llegar al Escambray. Girón, me pareció, era una trampa para el que pretendía llegar y para el que pretendía salir. La única alternativa que mi mente me señalaba era la salida por el mar. Así se lo hice saber a Artime y nos separamos de inmediato. Cuando llegamos a la playa, nos resguardamos detrás del muro del malecón que la protegía. Los obuses de la artillería enemiga ya llegaban a la costa pero habíamos observado que los impactos contra el muro del malecón no penetraban y presentaba un lugar seguro para protegernos de éstos. Nos acomodamos detrás del muro para esperar a que oscureciera y entonces nadar hasta el bote y alcanzar los barcos americanos. Llevábamos un rato detrás del muro cuando oímos ruidos de carros y unas voces. Era un grupo de compañeros de la Brigada que dijeron venían perseguidos por tanques y tropas de Castro. Vieron el barco anclado a unos 100 metros y decidieron nadar hasta él. La distancia para un nadador regular no era gran cosa pero los obuses que caían y explotaban en el mar, cerca del bote, eran impresionantes. La decisión para tirarse y alcanzar el bote era dudosa. No obstante, casi todos optamos por nadar hasta la nave. Le pregunté a Rojas y Montalvo si nadaban hasta allí. Dudaron. Yo me decidí y me lancé al agua con los demás. Para mí, buen nadador, los 100 metros me parecieron 100 millas. Uno de los obuses cayó cerca de donde nadaba y sentí un estremecimiento en las piernas. Creo que alguien que venía nadando cerca fue alcanzado. No estoy seguro porque el instinto de salvarse parece que no deja muchas alternativas de razonar y mirar. Al fin llegué al bote, alguien me ayudó a subir. Enseguida cortaron la soga que fijaba el ancla. Izaron una vela y trataron de hacer funcionar un motor que había dentro. El motor no arrancó. La brisa no soplaba con fuerza para usar la vela. Decidimos remar con las manos y con unas tablas que sacaron del fondo del barco. Comenzó a moverse lentamente. La vela al fin se empinó con alguna brisa y pusimos proa hacia los barcos americanos que suponíamos estaban a unas 2 ó 3 millas. En total habíamos logrado llegar a la embarcación 22 hombres. Sedientos y hambrientos. Sofocados del calor. Con un sol que rajaba tablas. El agua que llevaba en una cantimplora se esfumó en un segundo. Una pipa que había en el bote con 5 ó 6 dedos de agua quedó vacía en unos minutos. De pronto alguien gritó: ¡Los barcos americanos se van! Efectivamente, contemplamos como daban una vuelta y se alejaban. Otro dijo: Los alcanzaremos, deben habernos visto. Esa fue la última vez que los vimos.

Con la oscuridad comenzó a soplar un viento fuerte. Las olas se levantaron. El agua salpicaba y mojaba nuestros cuerpos sintiendo por primera vez un frío molesto. El barco se desplazaba con velocidad. Tocamos un bajo. Vimos la luz de un faro. Alguien argumentó que debíamos llegar hasta él. Pero seguimos rumbo sin rumbo. Movidos por las olas y el viento. Apiñados unos a otros. Yo recuerdo que me senté en un pequeño espacio en la popa sin apenas poder moverme. Así pasamos la primera noche de ese viaje macabro. Con el amanecer llegó la luz del día y el sol que empezó a molestarnos. Comenzamos a organizarnos. Descubrimos que no teníamos agua dulce. Encontramos unos víveres: papas crudas, arroz, cebollas, azúcar prieta. Hallamos un fogoncito pero no teníamos cómo encenderlo. La documentación del barco explicaba que estaba registrado en el puerto de Cienfuegos. Su nombre «Celia», 18 pies de eslora. Tipo cienfueguero. Seguidamente pasamos a deliberar a quien se designaría jefe y responsable de dar órdenes en la nave. Por unanimidad se eligió a Alejandro del Valle, Jefe del Batallón de Paracaidistas. Alejandro decidió poner rumbo Oeste, decía que tal vez podíamos llegar a las costas de México, a Yucatán, donde decía que su padre tenía un negocio de pesca. Todos aceptamos la sugerencia y la brújula del Celia marcó el rumbo Oeste para navegar. Calculamos que la noche anterior debíamos habernos movido hacia el Sur unas 30 ó 40 millas. Esta era la opinión de Vicente García, el único que parecía tener algún conocimiento de mar y barcos. A Vicente le llamaban el «Tío» por su edad. Era parte del Batallón de Paracaidistas y se decía que había servido en el ejército americano en actividades de guerra. Era un trabajador persistente. Trató de arrancar el motor del Celia sin lograrlo. Llegó a la conclusión que el dueño le había quitado alguna pieza, sin la cual no podía funcionar. Usando la vela y manejando el timón, que era una vara larga incrustada en un agujero que controlaba la propela, Vicente guió la embarcación hacia México. Todos nos sentíamos dichosos de haber escapado. Pensábamos que en Girón, debido al fuego de artillería, el ataque de tanques y aviones muchos debían haber perecido.

El sol calentaba. Para refrescarse algunos se tiraban al mar y nadaban al lado del bote. Al llegar la noche nos acomodamos como pudimos y recuerdo que logramos dormir un poco. El segundo día comenzó a notarse la falta de agua y de comida. Yo me refugié debajo de una lona que estaba en la cubierta para protegerme del sol. En el barco habían unos avíos de pesca pero carecíamos de carnada. Al Tío, Vicente, se le ocurrió usar una tapa de fosforera plateada que brillaba, sujeta a un anzuelo como si fuera una carnada. Pescamos un bonito, que repartido entre 22, tocamos a un pedacito cada uno. Era la primera vez que comía un pez crudo. Recuerdo que mi amigo Pepe García Montes comentó que en el Japón comer un pez crudo era un manjar suculento. El próximo día, usando restos del bonito como carnada, pescamos un dorado. Con la cabeza del dorado, un anzuelo más grande y una pita más gruesa enganchamos un tiburón. El animal era de gran tamaño. Comenzamos a luchar para capturarlo, logramos traerlo al lado del bote. Algunos se lanzaron al mar para matarlo, le dieron cuchillazos, tablazos, piñazos y todo cuanto pudieron para pescarlo pero el animal dio un tirón y se alejó velozmente. Nosotros nos quedamos con la pita vacía y el anzuelo completamente recto. Después, una manada de más 20 tiburones nos sirvieron de escolta mortal.

Habían pasado varios días. La falta de agua y comida comenzaba a hacerse sentir. Desesperados muchos seguían nadando para refrescarse. Pasaron aviones y les hacíamos señales con algunas de las ropas que nos quedaban. Vimos algunos barcos que no escuchaban nuestros gritos ni veían nuestras señales. De noche, las luces de algunos de esos barcos parecían cerca. No nos vieron. Y nosotros no comprendíamos lo difícil que es ver una nave del tamaño del Celia en ese mar inmenso. Un día vimos más cerca, un barco que parecía de pesca, de gran tamaño. Pensábamos que a la distancia que lo veíamos debía habernos visto. Navegó cerca por más de una hora. De pronto se alejó y no lo vimos más.

El primero en caer rendido fue el Tío. Se tendió en el piso de la nave y comenzó a emitir sonidos roncos e incoherentes. Lo chequeamos y vimos que de sus ojos, nariz y boca salía un líquido amarillo verdoso. Su agonía duró sólo unas horas. Cuando nos cercioramos que había muerto, un escalofrío y un estremecimiento inundó a todos los que integrábamos aquella caravana. Esperamos un día después de su muerte y se decidió echarlo al agua. Me eligieron para que despidiera el duelo. Impresionante fue cuando lanzaron el cadáver al agua. Fue el único que vi. Se hundió lentamente en el mar. Recuerdo esa imagen. Un compañero muerto en su tumba de agua. Los brazos levantados, el cabello largo flotando por encima de su cabeza. Jamás podré olvidarlo mientras viva. De ahí en adelante, el tema de la muerte se apoderó de todos. Cómo supervivir era la interrogante. Unos se tomaban sus propios orines, otros se refrescaban en el agua.

El salitre y el sol se impregnaban en nuestra piel. El frío de la noche y las gotas de agua que nos salpicaban eran un sufrimiento constante. Una latica que encontré en el bote me sirvió para que echándome agua por la cabeza, la que rodaba hasta mi boca me la tomaba para calmar la sed. Otras veces hacía gárgaras de agua salada y cuando sentía que la garganta se acostumbraba a esa agua, me la tragaba. Así calmaba un poco mi sed. También recogía algas marinas que flotaban al lado del bote. Las masticaba tomándome el jugo que producían y muchas veces me las comía. Sabían a rayo.

Muchas veces el mar se encrespaba por el oleaje que había. En oportunidades, el bote se bamboleaba y parecía que se iba a virar pero para sorpresa mía se enderezaba enseguida. Era un barco marinero. Un día amaneció el mar como un plato. Había una calma chicha siniestra. En nuestra desesperación se nos ocurrió hacer unos remos para mover el bote. Usamos las botavaras, unas tablas del piso y las amarramos fuertemente con pitas de pescar. Comenzamos a remar por turnos. Como a las 2 ó 3 horas, el mar comenzó a moverse de nuevo. Sólo una noche nos llovió. Nos volvimos locos. Tratamos de tomar toda el agua posible y mojarnos el cuerpo. En esa locura se nos olvidó almacenar el agua.

Después de la muerte de Vicente la duda comenzó a apoderarse de todos nosotros. Nos tocábamos la nariz, los ojos y la boca preguntándonos si se veía alguna supuración. La muerte empezó a producirse entre aquellos que más fuerza perdían nadando. Así fueron muriendo uno a uno hasta un total de 10. Presentaban el mismo proceso de supuración o secreción. Un ronquido por voz. Iban perdiendo el control. Parecían zombies. Se iban quedando postrados hasta que morían. Había dos hermanos, Isaac y Joaquín Rodríguez. Isaac perdió el control y dijo que él no quería morir en el bote con esa supuración. Se lanzó al agua con el ánimo de suicidarse. Su hermano Joaquín le suplicaba que regresara al barco: ¿qué le voy a decir a mamá? Isaac insistía en que lo dejaran, prefería morir ahogado. Maniobramos para sacar del agua a Isaac. Al fin lo logramos. Los dos sobrevivieron.

En otra ocasión alguien argumentó que debería usarse la sangre de los muertos para saciar la sed. Yo me opuse. Expliqué que había leído relatos en los que náufragos habían apelado a esta solución y después se volvieron unos contra los otros hasta matarse. Tres compañeros me apoyaron y respaldaron con su conducta, pero no éramos mayoría.

En total 10 compañeros de los 22 murieron en la travesía. He aquí sus nombres: Julio Caballero, Marco Tulio García, Vicente García, José García Montes, Jorge García Villalta, Ernesto Hernández Cosío, Raúl Menocal, Alejandro del Valle, Rubén Vera Ortiz y Jesús Vilarchao.

El bote llevaba varios día a la deriva, impulsado por las olas y las corrientes marinas. No sabíamos donde estábamos ni cuántos días llevábamos navegando. Acordamos tomar un rumbo fijo hacia el

Norte, usando el timón y la brújula. Nos rifamos los turnos para dirigir el bote. A mí me tocó el segundo turno. El primero fue Joaquín Rodríguez. Comenzamos como a las cinco de la tarde. A la media hora de estar navegando, un compañero que estaba acostado en la proa sobre la cubierta del bote comenzó a gritar: ¡un barco, un barco!, ¡y se nos viene encima! No le hicimos caso. Pero Joaquín que iba al mando del timón empezó a gritar también advirtiéndonos del barco. Cuando me asomé vi aquella mole que parecía nos iba a desbaratar. Tres o cuatro de nosotros se tiraron al mar para tratar de alcanzarlo. La nave comenzó a soltar humo por su chimenea. Se quedó parada como si hubiera frenado en el medio de aquel mar. Alguien en la cubierta del barco nos había visto. Les tiraron unos salvavidas a los que se habían lanzado al mar y bajaron un bote salvavidas con varios hombres que comenzaron a remar hacia nosotros. Nos recogieron y remolcaron el bote hacia el barco. Estábamos salvados. La nave tenía el nombre de Atlanta Seaman. Algunos fueron subidos al barco, otros pudimos hacerlo sin ayuda. Pedí, me dieron y devoré 16 naranjas frías. Nos duchamos y nos dieron de comer. Previamente habíamos decidido que yo hablaría a nombre de todos. Me entrevisté con el Capitán. Se quedó asombrado cuando le expliqué que éramos miembros de la Brigada 2506 que había desembarcado en Playa Girón. Me explicó que dos de nuestros hombres habían fallecido a bordo del barco. Hicieron todo lo posible por salvarles sus vidas. Me dio la fecha, 4 de Mayo de 1961. Habíamos estado perdidos en el mar por 15 días. Me dijo que un guardacostas americano nos recogería esa noche. Estábamos a una 100 millas de la desembocadura del Mississippi. Los supervivientes fueron: Isaac y Joaquín Rodríguez, Roberto Pérez San Román, Cuéllar, Nelson Torrado, Armando López Estrada, Florencio Valdés, Ángel Hernández, Julio Pestonit, Armando Caballero, Raúl Muxó y José Enrique Dausá.

Como a las 03:00 de la madrugada, un guardacostas de la marina norteamericana se acercó al Atlanta Seaman para recogernos. Fuimos trasladados y atendidos de inmediato. Nos acomodaron en unas camas literas y nos dejaron dormir hasta entrada la mañana. Nos sirvieron un desayuno fabuloso y nos informaron que estábamos navegando por el río Mississippi y que íbamos a la ciudad de Nueva Orleans. Como al mediodía de ese día llegamos a la ciudad y atracamos en un embarcadero del río. Allí nos esperaban unas ambulancias que ocupamos cubiertos con sábanas del barco pues estábamos completamente desnudos.

Nos llevaron a un hospital sin permitir que nadie se acercara a nosotros. En el hospital nos instalaron a todos en una sala privada con un guardia en la entrada que no dejaba pasar nada más que personal autorizado. Todos los sobrevivientes fuimos atendidos en esa sala, sobre todo aquellos que mostraban una granulación en casi todo el cuerpo producto del salitre y quemaduras del sol.

Esa primera noche recibimos la visita de un sacerdote español de una iglesia de Nueva Orleans. El padre fue visitando y hablando de uno en uno con mis compañeros náufragos. Cuando se entrevistó conmigo, le indagué si él conocía la familia de José García Montes, que según él me había informado vivían en Nueva Orleans. Me contestó que sí los conocía y que eran feligreses de su iglesia. Le informé que Pepe había fallecido en el bote y que su cadáver había sido lanzado al mar. El hombre por poco se desmaya. Me contó que la madre de Pepe, con la esposa y sus hijos iban todos los días a la iglesia a rezar y que estaban muy angustiados porque no tenían noticia alguna de él y que le habían informado que no estaba dentro de los prisioneros que se encontraban en Cuba. Le entregué un anillo de bodas que le había quitado a Pepe para que se lo entregara a la familia. Me pidió que acompañara el anillo con una carta explicándoles las circunstancias a la familia pues él no se sentía con fuerzas para ello. Así lo hice. Meses después conocí en Miami a la madre y a la esposa de Pepe. Nunca he podido hablar con la hija y el hijo. Me contaron que se habían afectado mucho con la muerte del padre. Así les hubiera explicado la calidad de hombre y patriota cubano que fue su padre.

Al día siguiente me dieron de alta en el hospital junto con un grupo de unos cinco compañeros. Un agente de la CIA se presentó en el hospital, tomó nuestras medidas de ropa y zapatos, nos llevó al aeropuerto y de allí tomamos un avión que nos condujo a Miami. En Miami toda la familia y los amigos creían y me daban por muerto. La noticia de mi llegada llenó de alegría a familiares y amistades así como a mis compañeros de lucha del MRR. Un médico de esta organización, el Dr. Martiniano (Nano) Orta se hizo cargo de mi atención y cuidado médico de inmediato y en poco tiempo me restituyó forma y energía.

Destino de la Brigada

Girón fue una jornada heroica donde un pequeño grupo de combatientes de no más de 1500 hombres, se enfrentaron en lucha desigual a un ejército de más de 50,000 hombres armados y equipados por Rusia. La batalla se perdió, pero créanme que pudo haberse ganado si la traición y el abandono de que fuimos objeto no hubiera ocurrido. El precio que hemos pagado ha sido bien alto. Los comunistas con Fidel Castro a la cabeza, alardean por todo el mundo de haberle infringido a los Estados Unidos la primera y más importante derrota. La batalla de Girón permanece hoy en día como la victoria oscura y más denigrante obtenida por un capo mafioso, disfrazado de comunista, que entregó mi país al oso ruso para consolidar su poder totalitario y sanguinario sobre el sufrido pueblo de Cuba.

Las fuerzas castristas hicieron prisioneros a casi todos los combatientes de la Brigada. Los trasladaron a La Habana. A un grupo de ellos en una rastra completamente cerrada donde se asfixiaron diez compañeros. Este fue uno de los actos más cobardes y criminales de esa epopeya. La orden para montar a esos brigadistas, en lo que se llamó la Rastra de la Muerte, la dio Osmani Cienfuegos.

En La Habana, los llevaron al Palacio de los Deportes donde montaron un show de alta propaganda nacional e internacional. Escogieron a algunos de los presos para hacerles interrogatorios públicos con contenido político y ofensivo. En casi todos los casos los interrogados salieron exitosos en su comparecencia. Todos fueron enviados a prisión sujetos a procedimientos revolucionarios. Cinco fueron sometidos a juicios sumarios y fusilados más tarde. Así, Castro se cobró alguna cuenta pendiente con esos ejecutados, sin respetar su condición de prisioneros de guerra.

Prepararon un juicio multitudinario en el que comparecieron la totalidad de los brigadistas presos, fueron sentados en un patio de la prisión y presentados ante un tribunal para ser juzgados. Este show se les complicó cuando se produjo un incidente que casi termina en un motín. Un guardia castrista ofendió y amenazó a Juan Torres Mena, conocido entre sus compañeros por «el Pirata». El Pirata contestó a la ofensa con una sonora bofetada y le quitó el arma al custodio. Cuando acudieron otros guardias con bayonetas caladas, los demás brigadistas se rebelaron y para poder poner orden, los miembros del Tribunal y oficiales de la guardia solicitaron de los Jefes de la Brigada su cooperación para apaciguar a los amotinados. El Segundo Jefe de la Brigada, Eneido Oliva, con un micrófono ordenó a la Brigada en atención. Así fue como pudo evitarse un mal mayor. El puñetazo del Pirata le dio colorido a este show y tengo entendido que en otro percance posterior, le volvió a sonar otra trompada a un oficial rebelde.

El juicio terminó con una sentencia repartida de cárcel para los miembros de la Brigada. Más tarde comenzaron negociaciones para rescatar a los presos brigadistas mediante una cantidad de dinero, valorando a cada uno de los hombres según sus condiciones económicas. Esto fue otro pasaje dramático del castrismo. Al fin se accedió a un acuerdo y tras varios viajes de delegaciones de los presos a Miami, se pagó el rescate y los brigadistas fueron puestos en libertad, con la excepción de un grupo, creo de 5, que Castro no los quiso liberar y que ignominiosamente se vieron obligados a cumplir largos años de prisión hasta que fueron liberados. La llegada de los combatientes de la Brigada a Miami produjo momentos de gran conmoción en nuestros círculos y nuevas luces de esperanza fueron indebidamente abrigadas.

IV

OPERACIÓN MONGOOSE

Los efectos de la batalla de Girón y sus resultados causaron un impacto doloroso en el exilio cubano. Las preguntas más fluentes eran: ¿Cómo fue que sucedió ese desastre? ¿Qué pasó con el apoyo americano? ¿Donde falló el plan? ¿La ayuda fue suficiente o deficiente? Miami ardía con éstas y más interrogantes. Los que pudimos regresar de Girón éramos asediados y todos nos pedían que contáramos nuestras experiencias y opiniones del desastre.

Cuando llegué, mi familia, mi esposa y mis dos hijas, una acabada de nacer, se habían instalado en un apartamento de una habitación, en un edificio de la Pequeña Habana sin aire acondicionado. Todos los días llegaban personas preguntando sobre compañeros de la Brigada y otros queriendo que les contara sobre la batalla de Girón. Cuando todo comenzó a normalizarse me encontré con una situación bastante preocupante. La esposa, la suegra y dos hijas. Sin patria, sin recursos económicos y con unas ganas inmensas de buscar los medios necesarios para seguir la lucha por la libertad de Cuba.

Desgraciadamente, el Consejo Revolucionario Cubano, las organizaciones cubanas, la CIA, todo, absolutamente todo, parecía o daba la impresión que se había paralizado o acabado todas las actividades anticastristas. Me reuní con Bebo Acosta y con Santiago Babún y comenzamos a analizar la situación para buscar un camino a seguir que actualizara otra vez la acción. Nos dirigimos a las oficinas del MRR para indagar con los que estaban al frente del Movimiento si había algún plan inmediato de lucha. La inercia y esperar era la

71

actitud generalizada. Deberíamos esperar a que los americanos decidieran una reorganización y un nuevo plan para derrocar al castrismo.

Nosotros no aceptábamos que se paralizara la lucha para esperar por los americanos y solicitábamos que se pusieran en juego los recursos de la organización para iniciar fórmulas que nos llevaran a atacar de nuevo al régimen de Castro. El asunto se llevó a una asamblea de miembros de la organización en la casa del MRR y se debatió extensamente sin poder ponerse de acuerdo las dos facciones. Entonces acordamos que la mejor manera de resolver el problema era consultar a la dirigencia de Cuba para que decidiera la situación. El grupo nuestro estaba formado por miembros del MRR que habían estado luchando dentro de Cuba, en el clandestinaje, y se nutría de exiliados que empezaron a llegar poco antes y después de Girón. Este grupo determinó hacer contacto con la dirigencia del Movimiento dentro de Cuba y tratar de conseguir que algún miembro con poderes suficientes los representara y decidiera la suerte del procedimiento a seguir por la organización desde el exilio. Obtuvimos información que la persona que había pasado a dirigir la organización después del desastre de Playa Girón y del fusilamiento de Francisco, era Carlos Bandín.

Rescate de Carlos Bandín

Bandín había planeado y estaba trabajando un atentado para matar a Fidel Castro. Todo marchaba bien y contaba para esa acción con armas y equipos del MRR, así como con un grupo de hombres de acción completamente decididos a realizar el hecho. Entre los elegidos estaba un oficial de la Marina de Guerra fidelista que estaba encargado de suministrar toda la inteligencia concerniente al movimiento marítimo. Cuando el atentado preparado estaba en su fase final para ejecutarse, el mencionado oficial naval resultó ser un chivato del régimen y denunció el plan. Como resultado de esta traición detuvieron a Bandín y lo pusieron prisionero en una casa del G-2 en la Quinta Avenida de Miramar. Carlos Bandín, por mediación de un preso que fue puesto en libertad, consiguió mandar un mensaje a sus compañeros del MRR, señalándoles donde se encontraba preso y la posibilidad de poder ser rescatado de una celda que ocupaba y que daba a la Quinta Avenida.

Un grupo de acción del Movimiento integrado por Cheo Martoris, el Mejicano y otros, elaboraron un plan para rescatar a Bandín. Para planear la operación se hizo contacto con el ex-Presidente Ramón Grau San Martín que vivía frente a la casa prisión donde tenían a

Bandín. El grupo quería mandar a alguien a inspeccionar desde la casa de Grau la azotea de la prisión donde se sabía tenían montadas ametralladoras y otras armas. Grau no quiso que nadie se arriesgara en eso y él mismo hizo la observación y rindió un informe juicioso del lugar. Los complotados falsificaron una orden firmada por el Che Guevara, disponiendo el traslado de Bandín de la prisión de Miramar a La Cabaña. Martoris y dos más, vestidos con uniformes del Ejército Rebelde, lograron sacar a Bandín aunque tuvieron que darle algunos golpes y patadas. De ahí fue llevado a una casa de seguridad. Junto con Bandín estaba Alberto Fernández, que había funcionado como Jefe de Acción bajo la dirigencia de Bandín.

En Miami, mientras tanto, nos llegó la noticia por un pariente de Albertico, que estaba escondido junto con Bandín y que nosotros a través de esos parientes podíamos hacer contacto con ellos. Enseguida comenzamos a planear cómo llevar a cabo una acción de rescate. El primer paso fue buscar una tripulación que pudiera navegar hasta Cuba y llevar a efecto la operación. Después hubo que buscar un barco que sirviera y pudiera navegar a la isla. El barco que conseguimos era propiedad del ex-Presidente Carlos Prío Socarrás. Con Jesús Gutiérrez hice un contacto con la CIA y conseguí armas y dinero para la operación. La tripulación estaba formada por Cuco del Collado como Capitán, los mellizos Verdaguer como navegantes, Morales y otros más que no recuerdo sus nombres. El barco salió de los cayos de la Florida, cuando estaba como a unas 15 millas comenzó a hundirse y hubo que llamar a los guardacostas para rescatar la tripulación. El próximo barco que conseguimos nos lo suministró Bebo Saralegui. La operación consistía en llegar al punto del Club Náutico de Marianao donde Bandín estaría esperando. El barco llegó al punto pero no se pudo hacer contacto con Bandín.

Estaba haciendo las gestiones para un nuevo intento cuando Jesús Gutiérrez me habló de un grupo de pescadores que iban a sacar a su familia de Isabela de Sagua y que necesitaban alguna ayuda para el viaje. Me puse en contacto con el sordo Morejón, un pescador que con Pepe Gatillo, Elías y Rogelito, pescadores del área también, iban a buscar la familia del sordo. Ellos tenían un barco pesquero cubano de 26 pies de eslora que tenía el nombre de «Tiburón». Con la CIA conseguí armas, comida y combustible para la operación, con el compromiso de que si sacaban a Bandín, yo tenía que dejar que ellos lo entrevistaran antes de ir a Inmigración.

El sordo y su grupo salieron una noche completamente equipados desde la planta de «Fresquito» en el río Miami. El Tiburón se separó del muelle y con su motor funcionando bien emprendió su viaje de rescate. Con el sordo Morejón habíamos acordado que de traer a sus familiares, junto con Bandín y Albertico, que tratara de llegar hasta el muelle de «Fresquito» donde yo iba a estar esperándolo. Sucedió que después de sacar en el bote a familiares y rescatados, llegando a Cayo Sal, tuvieron un cambio de disparos con un barco cubano. En Cayo Sal fueron rescatados por barcos americanos y remolcados a Miami. El contacto de la CIA me informó que estaban de vuelta sanos y salvos y que le estaban tramitando la entrada en Inmigración. Me comunicaron que esa noche me iba a reunir con Bandín y Albertico en un motel de la US-1, el University Inn.

A la hora convenida me encontré con ellos y nos sentamos a conversar sobre el problema planteado en el MRR. Les expliqué que el hecho de que nosotros habíamos sido los que los sacamos de Cuba era sólo por un deber nuestro y no implicaba un compromiso. Que decidieran lo que creían sería lo más conveniente y beneficioso para la lucha por la libertad de Cuba. El resultado de la decisión de Bandín se produjo en unos días. Estimó y así nos lo hizo saber, que las razones alegadas por el grupo contrario era la correcta para llevar a cabo y continuar la lucha. Había que dar un tiempo para reorganizarse y que los americanos elaboraran un nuevo plan de lucha. El grupo mío mantuvo la postura de continuar la acción con americanos o sin americanos, ya que al parar las acciones se perjudicaría la resistencia interna y le daría tiempo a Castro para obtener más armas y preparación. En esta disyuntiva, recibí una llamada del contacto de la CIA que me había estado ayudando hasta ese momento, para que asistiera a una reunión en el lugar y fecha que me señaló. Me pidió que fuera solo, como representante del grupo donde estaba integrado. Preguntados mis compañeros, se decidió que fuera a la reunión pero que cualquier determinación tendría que ser consultada con el grupo.

La reunión se celebró en una casa de seguridad y en la misma estaba el Jefe de Operaciones de la CIA en esta área, Carlos Bandín, Albertico, Rafael Quintero y Manuel Guillot. El hombre de la CIA insistía en que el grupo nuestro debía de volver a la organización bajo la dirección de una directiva que ellos habían elegido. Yo no acepté y no pudo llegarse a ningún acuerdo. Existía un elemento de desconfianza que no permitiría llevar acciones en forma coordinada. Yo solicité que se nos diera ayuda a nuestro grupo para operar por nuestra cuenta y con nuestro personal. El americano se negó a ello. Al terminarse la reunión, el americano me pidió que me quedara para hablar conmigo a solas. Me propuso que él quería que yo trabajase para ellos directamente en una operación para Cuba. Consulté con mi grupo y en dos días le di una respuesta afirmativa. La razón fue que, al no tener nuestro grupo apoyo de los americanos, estando yo dentro de su organización, en cualquier momento podíamos obtenerlo de presentarse la oportunidad. Sin saberlo, acababa de entrar a formar parte de la Operación Mongoose.

Primera misión

El primer paso como P.A. (Principal Agent) fue ponerme en contacto y conocer al C.O. (Case Officer) que me designaron. Su nombre supuesto era Eric. Era un tipo alto, de pelo rubio, pelado militar, constitución fuerte, sociable y amigable. Me mandó a hacer un entrenamiento que duró un par de semanas, completamente de inteligencia. Me designaron una cantidad mensual de $400.00, más gastos de gasolina y cualquier otro gasto sobre recibo de constancia me sería reintegrada la cantidad. Esta situación me trajo a la mente la palabra mercenario, usada por los castristas y mucha gente que atacaba a los oposicionistas a Castro. Mi reacción fue la siguiente: todos los elementos adictos al régimen de Fidel reciben sueldos, gastos y prerrogativas con altos beneficios. Para luchar y pertenecer a un grupo de acción, así como para defender una causa, tenemos que mantener a los hombres que se utilizan en esos menesteres para que puedan subsistir con sus familias. Así que cuando acepté esas condiciones lo hice sin complejo alguno y satisfecho de poder seguir luchando por nuestra libertad. Eric me pidió que hiciera contacto y reclutara a los hombres que me habían ayudado en la operación de rescate de Bandín. Pepe Gatillo, Rogelito y Elías integraron el primer team de infiltración que operaría conmigo como P.A.

La primera misión consistía en trasladarme con el team a Cayo Anguila, donde tenía que hacer contacto con un pescador de Caibarién que tenía que darnos una información para traerla a Miami. Para eso tenía que conseguirme una embarcación. Me informaron y conocí a un pescador cubano que había llegado hacía unos días y que tenía un bote de 26 pies que había traído de Cuba. Hablé con el pescador y le expliqué que necesitábamos el bote para una operación de sacar a una familia de Cuba. Le ofrecí una cantidad para usarlo y aceptó.

Comenzamos a preparar el bote y en unos días estábamos listos para la operación. Eric nos entregó las armas y dinero para comprar combustible y comida. No teníamos radio ni comunicación alguna con la Base, sólo las instrucciones que nos dieron. Al día siguiente de haber salido llegamos a Cayo Anguila, punto de reunión. Al aproximarnos vimos un barco que estaba fondeado en el lugar. El barco era un Lada. Este barco era parte de un lote de barcos pesqueros que Cuba había construido y le entregó a algunos pescadores. Se decía que sus tripulaciones estaban armadas y eran parte de adictos al régimen fidelista. Preparamos nuestras armas y nos fuimos acercando. Pepe Gatillo identificó a la gente que estaba en el Lada. Eran cubanos de Miami. El barco se lo había llevado un pescador cubano que desertó. El capitán era Antoñico Martínez, pescador de Caibarién, muy conocido en las filas anticastristas del exilio. Nos acercamos y compartimos con ellos. Resultó que estaban esperando a la misma persona que nosotros teníamos que encontrar. Siguiendo nuestras instrucciones, esperamos un día más por la llegada del contacto. El hombre no se apareció y nosotros regresamos en el barco a Miami. Cuando llegamos, Eric me informó que el pescador había venido a Miami y ya había sido entrevistado por la CIA.

En la segunda misión que realizó este team, fueron ellos tres llevando un cargamento de armas y explosivos para ser entregados a un contacto en una finca cerca de Caibarién. El team no quiso seguir funcionando ya que Pepe Gatillo tenía otras ideas de esas operaciones. Esta acción inicial me pareció como una prueba que se me hizo para estar seguros de que teníamos la capacidad de funcionar en las mismas. De ahí en adelante, las operaciones fueron super sofisticadas. Me envolví completamente en lo que se llamó la Operación Mongoose.

Estructura de la Operación Mongoose

La Operación Mongoose se inició en los meses finales de 1961. Esta operación, se decía, que tenía el respaldo del Presidente Kennedy y de su hermano Bob. Se especulaba que representaba la revancha de la derrota de Playa Girón y el derrocamiento de Fidel Castro. También corrieron rumores de que esta operación y su tramitación fueron la causa principal que motivó a los comunistas a producir el asesinato del Presidente John F. Kennedy. Lo cierto es que Mongoose produjo ataques y acciones destinadas a debilitar y preparar el camino para derrotar el castrocomunismo. Los actos eran realizados por cubanos, dirigidos, apoyados y subvencionados por los agentes americanos de la CIA.

El presupuesto utilizado para costearla lo desconozco, pero haciendo un cálculo mental sin cifras ni matemática precisa, creo que estuvo dentro de los 100 millones de dólares. Haciendo un recuento de datos adquiridos y de informes de la prensa, sin que sea mi conocimiento enteramente completo, contamos con lo siguiente. Un número de barcos Madres, según informes de prensa 5 ó 6. Estas naves tenían unos 180 pies de eslora y algunas de ellas habían sido del modelo PC usado en la última guerra mundial, tenían dos motores diesel y equipos completos para mantener su cubierta de barcos de carga. Estaban armados con cañones de 20 mm., ametralladoras calibre 50, recoilers 75 y 57, municiones, rifles, en fin toda clase de armas necesarias para operar y habilitar a otros barcos y lanchas; radar de gran alcance, radio y equipos de comunicación completos. No se cuántos barcos Intermedios se usaron, yo personalmente conocí y navegué en cinco de ellos. De los barcos Madres conocí dos, el Rex y el Leda. Los Intermedios tenían de 40 a 65 pies de eslora, tripulaciones de un promedio de 8 hombres armados con ametralladoras gemelas de calibre 50 colocadas en popa y proa, más recoilers 57 y 75 con sus municiones. Tenían radar, radio y alcanzaban velocidades superiores a los 25 nudos. Las lanchas de desembarco y para operar en ataques o para infiltrarse a tierra eran de 20 a 26 pies de eslora. Se usaban V-20. Fórmula, Chrif Craft y otras. Tenían dos motores outboard inboard y desarrollaban velocidades de más de 40 nudos. Algunas de ellas, las usadas por los comandos y los hombres ranas, llevaban un radar portátil con un radio de acción de unas 2 ó 3 millas alrededor. Iban armadas con ametralladoras calibres 50 y 30. Los hombres que las tripulaban también iban armados con BAR, granadas y otras armas dependiendo si eran comandos, hombres ranas o teams de infiltración. El número de estas lanchas no lo puedo calcular. Los comandos tenían varias de estas lanchas, así como balsas, lanchas menores como los Boston Whalers y canoas de ser necesario. Lo mismo pasaba con los teams de hombres ranas, tenían casi el mismo número de embarcaciones que los comandos. Los teams de infiltración cuando hacían las operaciones utilizando sus lancheros, también tenían su lancha para trabajar con ella. Los barcos Madres también tenían sus lanchas. Para un cálculo conservador yo diría que habían de 25 a 30 lanchas de desembarco funcionando. Cada team de infiltración, así como los comandos, hombres ranas, los Intermedios y Madres tenían sus equipos de radio para comunicarse entre sí y para hacerlo con la base. Los equipos de radio eran operados por hombres entrenados especialmente para esa labor. Todos tenían su clave exclusiva para comunicarse con la base. Yo no recuerdo ninguna operación en la que los hombres no llevaran un radio con su operador para comunicarse con la base. Armas, municiones, explosivos, ropas, botas, medias y todo el equipo necesario estaban suministrados en abundancia. Cada hombre envuelto en esta operación recibía un salario promedio de $400.00 al mes. Todos los integrantes residían en casas de seguridad que la CIA, utilizando sus organizaciones de cubierta, alquilaba a propietarios americanos. Habían casas de seguridad desde la ciudad de Miami hasta Cayo Hueso. Yo no se la cantidad exacta, pero un cálculo conservador pudiera ser alrededor de 100. Durante el entrenamiento o cuando se entraba en proceso de operaciones, todos tenían que permanecer en ellas; allí dormían y se alojaban hasta completar el entrenamiento o la operación terminara. Algunos hacían de esta casa de seguridad su residencia. Por lo general siempre había alguien que se quedaba de guardia cuando los demás tenían facilidad para ir a sus casas. Los alimentos se compraban en el supermercado y eran pagados por la CIA. Todos esos gastos de sueldo, viviendas y alimentación se mantuvieron desde Septiembre, quizás Octubre de 1961 hasta por lo menos Mayo de 1967. Yo no se si el cálculo de 100 millones estará correcto, pero esta fue una operación con todos los hierros, con el propósito encaminado a derrocar al régimen de Castro.

La operación Mongoose tuvo dos fases. La primera fase fue totalmente agresiva y duró hasta la muerte del Presidente Kennedy. La segunda fase, después de 1963, fue totalmente de inteligencia. Durante la primera fase las acciones realizadas por cubanos fueron de ataques a objetivos señalados, en los que se midieron en combate relámpago fuerzas castristas y cubanos del exilio. Las operaciones que se realizaban durante esa primera fase, públicamente aparecían como responsables de las mismas una organización llamada «Comandos Mambises». Los Comandos Mambises operaban bajo la Jefatura de Manuel Villafaña. Villafaña había sido el Jefe de la Aviación de la Brigada 2506. Ahora bien, aunque los Comandos Mambises eran el frente público de esta operación, Mongoose estaba formada por una marina, los comandos, los hombres ranas, los *teams* de infiltración y personal de tierra o civil que tenía funciones de seguridad, de captación y de inteligencia.

La marina estaba integrada por cubanos bajo el mando de capitanes con experiencia de mar. Ellos tenían sus bases con sus casas de seguridad, completamente compartimentadas. Estas bases y esas casas de seguridad desde luego, estaban en territorio americano. Funcionaban bajo la supervisión y control de un C.O. (Case Officer). Para operar lo hacían bajo una cubierta preparada. Mantenían comunicación directa y continua con la base de operaciones que estaba en territorio americano.

El team de los comandos lo integraban unos 60 hombres jóvenes bajo la Jefatura de Villafaña y la supervisión de su C.O. americano. Tenían su Base en Homestead y en los cayos del sur. Recibían un entrenamiento intensivo y fuerte propio para sus operaciones de comandos. Manejaban toda clase de armas, explosivos y equipos propios de comandos. Hacían ejercicios físicos intensos y se mantenían en tremendas condiciones físicas. Operaban con lanchas veloces, equipadas con ametralladoras calibres 50 y 30, radar movible, radios y estaban preparados para realizar operaciones de ataque y destrucción de objetivos señalados. Hacían incursiones en territorio de Cuba donde realizaban operaciones agresivas. También funcionaban ayudando a la infiltración y exfiltración de *teams* o de individuos. Su Jefe, Villafaña, los acompañó en muchas de las operaciones que se hicieron hasta 1963.

El team de hombres ranas estaba dirigido por Alberto Beguiristaín. Lo formaban unos 20 ó 25 hombres. Estaban también bajo la supervisión de un C.O. americano. Su Base y casa de seguridad estaba situada en Craw Key, en los cayos de la Florida y era un pequeño y antiguo motel. El entrenamiento de este equipo era agotador. Desde el amanecer tenían que meterse en el mar y nadar por unas cuantas horas. Desayunaban y de nuevo para el mar. Almorzaban, descansaban y para el mar. También de noche tenían que pasar por ese ejercicio. Yo creo que esta gente durante su entrenamiento nadaban de unas 6 a 8 horas diarias. Como los comandos, recibían entrenamiento en toda clase de armamentos y explosivos. Todos eran cubanos, jóvenes y en magníficas condiciones físicas. Igual que los comandos, hacían operaciones de ataques a objetivos señalados, especialmente maríti-mos o en lugares cercanos al mar. Era un grupo muy especializado y fueron muy exitosos en sus operaciones.

Los teams de infiltración estaban integrados a veces por un solo hombre hasta cuatro. No recuerdo haber conocido ninguno que tuviera más de cuatro. Cuando el team de infiltración estaba integrado por un solo hombre, en más del 90%, el integrante estaba entrenado para operar un radio y poder comunicarse con la base. El entrenamiento de los teams de infiltración era algo especial. Comenzaban con unas pruebas sencillas de capacidad para conocer el nivel de entendimiento del entrenado. El radio operador que trabajaba con el team, muchas veces era designado dentro de los que la CIA ya tenía entrenados. Otras veces se escogía a uno de los integrantes y se le entrenaba. De noche nos llevaban a los cayos o zonas de los Everglades para hacer infiltraciones simuladas usando todos los equipos requeridos. Recibimientos, entradas y salidas de puntos de encuentro utilizando señales preacordadas o el metascopio con linternas cubiertas por papel ultravioleta. El metascopio era como un binocular de un solo ojo, que decían que costaba unos $2,500.00 cada uno. Este entrenamiento se hacía en pantanos y manglares y de ahí salíamos llenos de fango y de picadas de mosquitos y jejenes. El entrenamiento de armas, explosi-vos, granadas y otros se hacía en el campo de tiro que tenían en los Everglades. Como parte de ese entrenamiento se llevaba el team a un área de Homestead donde habían fincas de cultivos. Se les ponía a estudiar unos mapas de una zona referida y mediante un acimut que ellos tenían que hacer, se les dejaba en un punto y el team tenía que regresar al lugar escogido. Algunas veces ellos se perdían y para encontrarlos necesitábamos una noche entera. Otras veces, para que se acostumbraran a operar en áreas rurales sin temor a que fueran detectados, se les ordenaba dirigirse a una zona determinada donde por lo general se le presentaba un obstáculo que tenían que vencer, por ejemplo una cerca de alambres que tenían que cortar. Aunque le pusieran una luz como la de un automóvil que pasaba, podían realizar su cometido sin ser vistos. Cuando el team iba a utilizar su propia lancha para la operación, había un C.O. que realizaba ese entrenamiento y con él se salía a probar la lancha. Esta prueba se hacía a gran velocidad y los trastazos que daba el bote lo dejaban a uno casi sin riñones. La totalidad de este entrenamiento duraba un par de meses y se repetía algunas veces entre operaciones. Cada sección de estos ejercicios eran dirigidos y supervisados por un C.O. americano especializado en la materia. También recibían lecciones de navegación y los enseñaban a manejar mapas de tierra y cartas de navegación. Otra fase era la supervivencia. Este evento consistía en dejar al team en un lugar escogido donde permanecía por unos días utilizando para su subsistencia los recurso que ellos tenían que buscarse. Cantimploras para el agua y utensilios para cocinar a veces se les facilitaba. Los teams de infiltración se componían por lo general de un capitán que asumía la responsabilidad y el mando de la operación. Un guía conocedor de la zona de operación, que podía ser un hombre de mar o un conocedor del área de tierra; estos podían tener los contactos requeridos para desenvolver la misión. Un radio operador encargado de hacer y recibir las transmisiones con la base. Y cuando existía el cuarto hombre, por lo general servía de artillero de la lancha. El objetivo era establecer contacto en el área con alguien conocido, un familiar o una persona amiga identificada como enemigo del régimen. Ese contacto se podía hacer en el mar, en la zona de los cayos adyacentes a la costa. Otras veces, el team utilizando uno de ellos como guía de tierra, se adentraba en una zona y se encaminaba hasta un lugar donde ellos sabían que podían hacer el contacto. Para hacer una u otra operación había que hacer varias operaciones. Cuando esas infiltraciones se hacían por primera vez, se les llamaba a ciegas. Una vez realizado el contacto, con el reclutamiento de la persona, se comenzaba a darle un entrenamiento elemental para que empezara a funcionar en el área. Así se organizaba una red clandestina para operar dentro de Cuba.

Buque madre de 180 pies de eslora usados por la marina en la Operación Mongoose para operaciones de largo alcance. Estos barcos estaban fuertemente armados y contaban con radar y equipos avanzados de navegación y comunicación.

Una de las unidades navales utilizadas en las operaciones. Se le conocía como Rex y Explorer II.

El M/V Atlas, barco intermedio utilizado en la Operación Mongoose.

Lancha de desembarco y ataque de los Comandos Mambises.
Detrás del timón Jesús Cantero Sánchez, muerto en combate; de espalda Alfredo (Tobita) Cordero; y Emiliano Infante, apuntando la ametralladora.

Lanchas de desembarco y ataque con radar movible, artilladas, 2 motores y velocidad de 40 nudos, usadas por los Comandos Mambises, los hombres ranas, los barcos madre y los grupos de infiltración.

Lancha típica de infiltración.

Operaciones bélicas

Las operaciones que se realizaron en Mongoose, como mencioné antes, se efectuaron en dos fases. La primera fase comenzó con el inicio de la operación en los últimos meses del año 1961. En esta primera fase, las acciones que se realizaban eran ofensivas y estaban encaminadas a producir las condiciones necesarias para obtener la caída del régimen castrocomunista. La segunda fase comenzó después de la muerte del Presidente John F. Kennedy, en los primeros meses del año 1964, siendo Presidente Lyndon B. Johnson; esta fase fue esencialmente de inteligencia, sin que se produjera plan alguno ofensivo. Se rumoraba que la Operación Mongoose provocó el asesinato del Presidente Kennedy por haber vulnerado el pacto con Rusia de no agresión a Cuba. Yo no puedo atestiguar sobre ese aserto porque no tengo información para ello pero sí puedo atestiguar que en el tiempo que se estuvieron efectuando esas acciones ofensivas, las mismas tenían un contenido de agresión premeditada en contra del régimen de Castro. No sé qué planes existían después de superactivar las acciones ofensivas, pero por la forma en que se desenvolvía el proceso, se podía deducir que algún evento de otra categoría más amplia se iba a producir.

En la primera fase del plan Mongoose se realizaron operaciones que por su número y la compartimentación existente no alcanzo a recordar. Pero siguiendo una información del periódico *Revolución*, publicada en La Habana el día 27 de Diciembre de 1963, podemos mencionar las producidas en la Bahía de Siguanea, en Isla de Pinos; la de Casilda; Cayo Güin y otras.

La Operación de Siguanea, mencionada ampliamente en la prensa cubana, consistió en la explosión y hundimiento de una nave de la Marina de Guerra cubana, apostada en ese lugar. Esa operación fue manejada por un team de hombres ranas con Alberto Beguiristaín al frente de éste. El barco Intermedio dejó a Alberto y a los que lo acompañaban como a una milla o dos del objetivo. Ellos nadaron usando su equipo de hombres ranas hasta llegar al mismo. Le colocaron minas y explosivos con detonadores de tiempo y regresaron dejando no se si una o dos minas en el canal. Según mencionó el propio periódico *Revolución*, los explosivos destruyeron una nave torpedera de unos 80 pies de eslora. En la acción murieron tres personas de las fuerzas castristas y resultaron heridos 18 de ellos. Para la operación se usaron minas magnéticas y veinte libras de C-4. Se rumoraba que unos meses después, una de las minas dejadas en el canal había sido tocada por un barco ruso y lo había explotado. Se desconocen los resultados de este rumor. Los hombres ranas con Albertico, regresaron a su barco sanos y salvos.

Antes de esta operación, los hombres ranas con Albertico, realizaron otra operación en el Puerto Isabela de Sagua. El barco Madre los dejó en las afueras de la cayería y entraron con su lancha hasta el lugar de su objetivo. En ese lugar había una patana con draga y su grúa haciendo los trabajos en el muelle del puerto. Los hombres ranas le pusieron minas y explosivos, volando y hundiendo la patana con su equipo. De esta acción la prensa cubana no hizo mención. Los combatientes regresaron a sus naves sin ningún incidente que lamentar.

Alberto Beguiristaín nos da detalles e información de estas dos operaciones en sus dos escritos publicados en la Revista Baraguá en sus dos ediciones de Abril y Agosto de 1998, y que textualmente dicen:

Operación Baraguá:

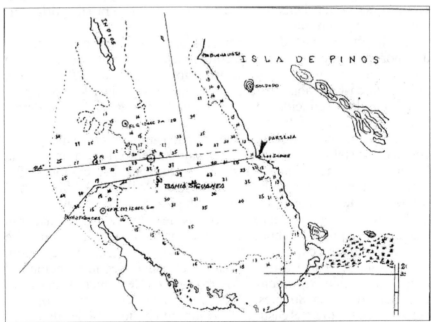

Mapa de la zona en que se efectuó la Operación Baraguá

88

«Le llamamos el 'Coral Key Team'. En enero de 1963 un grupo fue escogido para formar un team de demolición submarina. Yo no fui de los escogidos, pero me colé por circunstancias que otro día contaré. Todos éramos nadadores y nos trasladaron a una base en lugar adecuado. Allí comenzamos un riguroso training de natación y uso de equipos de buceo con oxígeno llamados Re-breathers que tienen la particularidad de no producir burbujas en la superficie y alargar el tiempo de sumersión. Nuestro entrenamiento comprendía navegación, manejo de balsas de goma, kayac, todo tipo de embarcaciones pequeñas, armas y demolición. Comenzábamos el día a las 07:00 horas y terminábamos a las 24:00. Los sábados nadábamos 5 millas y descansábamos los domingos. Aparte de demolición submarina nos entrenamos como 'Swimmer scouts', cuya misión consistía en nadar hasta la costa y revisar la playa o el punto escogido para un desembarco y asegurar el punto para recibir el 'team' que se iba a infiltrar.

Hicimos solamente dos operaciones de demolición submarina. La primera fue en Isabela de Sagua, donde minamos y hundimos una patana[1] de azúcar que tenía una grúa instalada para asistir en la descarga de equipos de guerra (tanques soviéticos y cohetes).

La segunda[2] fue en Isla de Pinos, en una base naval que usa la dársena de lo que fue el Hotel Colony convertido en un complejo naval, en la Bahía de Siguanea.

Estas operaciones eran personalmente autorizadas por el Presidente Kennedy.

Estábamos en un campo de tiro que usábamos en el lugar donde nos entrenábamos, probando las armas que íbamos a usar en la operación, cuando nos llegó la noticia del asesinato de Kennedy. La operación se pospuso para el mes de diciembre. Tengo entendido que se usó la autorización de Kennedy, sin consultar con el nuevo Presidente Johnson, para hacer esta operación.

Abordamos el PC Leda. Estaba comandado por Gaspar Brooks. El buque intermedio Reefer, comandado por Rolando Martínez y Manuel Villamañán, se nos unió después, y la V20, comandada por Nelson Iglesias, estaba a bordo del PC. Los

---

[1] Esta patana fue uno de los objetivos que nos dieron a escoger como alternos.

[2] Inicialmente la operación iba a efectuarse a finales de noviembre de 1963.

integrantes del «Team» de demolición eran Jorge Ruiloba, Marcelo Cantera, Justo Delgado y Alberto Beguiristaín.

Partimos con rumbo hacia las inmediaciones de las Bahamas, donde nos abordó el 'team' que nos dio las instrucciones de la operación.

Nos demoramos, pues el radar del buque intermedio Reefer tenía problemas. Vino el 'team' de técnicos y cambió el radar. Partimos hacia un punto al sur de Isla de Pinos que estaba a unas 60 millas al sur de Cabo Francés (Isla de Pinos). Cuando comenzamos a transferir los equipos del Leda a la V20, nos notifican que el radar del Reefer está descompuesto de nuevo.

Se suspende la operación y se regresa a aguas internacionales al oeste de los cayos de las Bahamas. Vuelven los técnicos para reparar el radar del Reefer y se pasan la noche y parte de la mañana reparándolo. Regresamos de nuevo a la posición anterior al sur de Isla de Pinos. De nuevo el radar está descompuesto debido a lo largo del viaje y al mal tiempo. El radar tenía una desviación de unos 20°. Rolando y Manolo se muestran dispuestos a llevar a cabo la operación con el radar defectuoso y acordamos proseguir sin el radar y partimos hacia Isla de Pinos a las 15:30 del 22 de diciembre. Le pedimos a Jesús Gutiérrez, maquinista del Reefer, que nos acompañara en la V20 para tener mayor seguridad en caso de un fallo en los motores de la V20. Tomando un riesgo que no le correspondía y para gran alivio nuestro, Pinillo (Jesús Gutiérrez) acepta acompañarnos. El Reefer nos esperaría a dos millas al oeste de Cabo Francés; el extremo suroccidental de Isla de Pinos. Nuestra misión era navegar en la V20 hasta la dársena del Hotel Colony, a unas diez millas de Cabo Francés, convertida en una base naval rusa, y atacar una Kronstad (fragata pequeña de la Marina de Guerra comunista) y otras naves de guerra que se mantenían allí. Nosotros conocíamos el área por las fotos aéreas que se nos facilitaron. Supuestamente la entrada del canal de la dársena estaría marcada por dos balizas con luz. Aproximadamente a unos veinte minutos de navegación hacia nuestro objetivo, comenzó a verse como a unos 5° babor una luz y pensamos que eran las balizas que marcaban la entrada y cambiamos el rumbo hacia estas luces. Por los problemas del radar del Reefer no se nos advirtió, como en otras ocasiones, que íbamos mal. El aproche final se hizo a baja velocidad, siempre buscando las balizas de entrada y entonces notamos que la profundidad era de menos de 2 pies y mediante los prismáticos comenzamos a reconocer la costa.

Estábamos frente a la playa del hotel a menos de 200 yardas del edificio. Giramos hacia el sur reconociendo la costa hasta que notamos una antena de microondas que sabíamos por la foto aérea que estaba justo detrás de la boca del canal. Paramos la lancha y nos tiramos al agua. El agua nos daba poco más arriba de la cintura. Habíamos cruzado el canal de entrada entre las balizas y la costa. Las balizas estaban sin luces. El canal tenía como unos mil metros de largo. En la entrada se notaba una fortificación con una cuatrobocas (ametralladora). Los cuatro nadadores nos habíamos dividido en dos «teams", uno formado por Marcelo y Jorge y el otro por Justo y Alberto. Ya era más de la 01:00 del día 23. Estábamos muy atrasados. Justo y Alberto encontraron enseguida la boca del canal y procedieron, nadando por debajo del agua hacia el final del mismo, en busca de un objetivo. La oscuridad era absoluta, íbamos nadando a 10 pies debajo de la superficie. Al fin chocamos con la pared del muelle que está al final del canal. Las largas noches de práctica en los canales de entrenamiento pagaban sus dividendos. Estábamos en el estómago del enemigo. La dársena era en forma de L, el canal de entrada era hacia el Este y la pared del fondo era aproximadamente rumbo Sur, siendo la parte larga de la L el canal de entrada.

Encontramos unos postes de amarra que debían estar separados del muelle unos 15 o 20 pies. Me quité la careta y salí a la superficie entre ellos. Donde debía estar la Kronstad, que era el objetivo principal, no había nada, la oscuridad era total. Decidimos nadar hacia adentro a lo largo de la pared del muelle hacia el sur. La visibilidad era cero, malamente veíamos el compás de muñeca. De pronto notamos que la oscuridad era mayor aún y extendiendo los brazos hacia arriba lentamente ascendimos.

Me encuentro debajo de una embarcación de madera. Voy hacia la proa y la mido por la quilla y le calculo unos 110 pies de eslora y calculo que es un buque de patrulla de la antigua marina de guerra. Decido no perder tiempo con este buque y continuamos hacia adentro.

Un poco más adelante la misma sensación de una oscuridad mayor, y cuando asciendo me encuentro con un casco limpio, liso como la cara de un niño. Lo mido y es de unos 80 pies. Saco una mina que supuestamente, según sus diseñadores, era mejor. Sentíamos los pasos del marino de guardia en la cubierta y constantemente tenía que usar la válvula de by-pass para darme más oxígeno. Llegué a temer que el guardia fuera a oír desde cubierta el sonido del by-pass.

Cuando termino de activar la mina, chequeo el reloj y eran las 03:30. Decido colocar la otra mina que traíamos en el otro eje. Esa mina era 'cuban style', era una carga de 20 libras de C4 en un saco de lona con todo lo que se nos ocurrió que serviría para fijar esta carga a un casco. Un tirabuzón, un pequeño sargento, una cinta de nylon de 20 pies, etc. Quedó perfectamente amoldada contra el fondo, entre el eje y el casco. La activamos y a nadar hacia la salida. Habíamos estado dentro más de dos horas.

Cuando salimos del canal eran las 04:20. Hacía más de dos horas que la lancha tenía que haber abandonado el área. Le dije a Justo: tenemos que nadar al Punto de Recogida de Emergencia pues la lancha ya debe haber abandonado el área. Comenzamos a nadar con una velocidad, que los de la lancha que vieron la luz negra que Justo encendió, pensaron que era una embarcación saliendo por el canal. Comenzamos a nadar hacia el ERP (Punto de recogida de emergencia) que estaba a unas tres millas de la base del Colony.

Comenzamos a oír el chasquido de un casco de fiberglass contra el agua. Era nuestra V20 que, lejos de abandonarnos, nos estaba esperando.

Nos recogieron enseguida. Son las 04:30 y le digo a Nelson ¡vámonos! y Nelson me dice, ¡tú pusiste tus minas, ahora van las mías!, y regresamos. Dentro de las dos balizas de la entrada depositamos 3 minas cautivas a tres pies de profundidad. A las minas les habíamos pintado en el costado el mensaje «E.P.D. AMADOR», en honor de un compañero muerto en combate en un desembarco hacía pocos días.

El reporte de los periódicos de Castro confirmó que ellos encontraron una mina. Reportes que no hemos podido confirmar nos dicen que cuando se produjo la explosión de la torpedera, mandaron a salir los buques de la dársena, y se produjeron otras explosiones. Las minas cautivas las depositamos una en el medio del canal y dos a los lados. Nada que calara más de tres pies estaba seguro.

Una vez colocadas las minas partimos hacia Cabo Francés. Usamos el radio para dar la señal de que regresábamos. La señal era UNO y la respuesta era UNO. Con cierto temor de vernos solos, porque el Reefer se hubiera tenido que marchar, ya que estaba en un punto muy navegado, se da la señal y como si fuera un contacto eléctrico recibimos la respuesta UNO. Rolando y Manolo nos esperaban, eran pasadas las 05:00; hacía tres horas que debían haber abandonado el área de acuerdo con el plan.

Nos reunimos y pasamos el «team» de hombres ranas al Reefer y salimos navegando hacia el sur a alta velocidad, pues ya amanecía. A las 07:45 oímos por la radio de la marina cubana una llamada 'C3, C3, C3, C3, C3, C3, (larga, insistente), C4 te llama, C3, C3, C3, C3, C4 te llama'. Hasta que C3 interrumpe y lo amonesta a grito pelado: 'Compañero, ésta no es forma de llamar, cambie para la frecuencia de trabajo'. Había cundido el pánico; ya sabíamos que la operación había sido un éxito. Nos invade la alegría lógica de haber cumplido con nuestro deber.

Llegamos de regreso a la base el 25 de diciembre y aunque no disfrutamos Noche Buena con la familia, sí tuvimos Christmas con ellos.

Hoy reflexionamos y nos duele que haya habido tres muertos y 18 heridos (según el reporte de Granma). Ellos murieron cumpliendo su deber, y nosotros hicimos el ataque cumpliendo el nuestro.

Es significativo que el mismo periódico *Granma* dijera: 'Se hace constar por el Ministerio de las Fuerzas Armadas, este hecho significa la reanudación por el gobierno norteamericano de los ataques piratas que habían cesado temporalmente'.

Contaban conque muerto el Presidente Kennedy, no iban a tener más problemas. (Y así fue, pues ésta fue la última acción de este tipo que se llevó a cabo).

Es justo que rindamos tributo a dos hombres que nos entrenaron y gracias a su formación fue posible esta operación. Gracias Bob Simmon, gracias Marty Martínez.

Destruyen Comandos Mambises Una Lancha Torpedera de Castro

Que Había Sido Donada por la Unión Soviética al Régimen Cubano Para Perseguir a los que Huyen a Diario de Ese País. — La Operación fue Realizada por Fuerzas del Interior. — Detalles

Por GUILLERMO ZALAMEA ARENAS

Fuerzas de los "Comandos Mambises", que están operando dentro de la Isla, destruyeron el pasado 23 por la noche una lancha torpedera del régimen comunista de Fidel Castro.

La noticia la dio a conocer el coordinador de los "Comandos Mambises" Rafael Martínez Pupo, quien actualmente se encuentra en la ciudad de Tegucigalpa.

Hablando telefónicamente el señor Martínez Pupo con el doctor Salvador Lew, Director del radioperiódico "La Voz del Pueblo" de Miami, manifestó que el ataque se realizó en la ensenada de Siguanes, ubicada en la Isla de Pinos.

La lancha, según los informes, tenía ochenta pies de largo y desarrollaba una velocidad aproximada de cuarenta nudos.

Se tiene entendido que esta lancha formaba parte del equipo que posee el régimen de Castro para impedir la fuga de los cubanos que a diario huyen de ese infierno comunista.

Aunque se desconocen los pormenores de la operación se sabe que no hubo muertos ni heridos. El coordinador de los "Comandos Mambises" reiteró que el sabotaje fue realizado por fuerzas interiores.

Este es el quinto ataque que realizan los Comandos Mambises contra las fuerzas del régimen comunista de Fidel Castro.

El Coordinador Martínez Pupo manifestó que los "Comandos Mambises" continuarán sus ataques hasta que Cuba sea libre".

Se recuerda que el Consejo Revolucionario de Cuba denunció, hace aproximadamente diez días, en un documento elevado a la O.E.A. la exigencia de la construcción de una base de submarinos rusos en la ensenada de Siguanes, el mismo lugar donde fue atacada la lancha torpedera rusa.

Confirma La Habana

MIAMI, Dic. 28 (UPI)— Tres muertos y dieciocho heridos fue el saldo del ataque a una lancha torpedera de la Marina de Guerra del régimen cubano.

La radio de La Habana anunció esta mañana que en la noche del 22 al 23 del corriente, una lancha torpedera de la Marina de Guerra fue atacada en la Bahía de Siguanes, al sur de la Isla de Pinos.

El Ministerio de las Fuerzas Armadas de Cuba informó que en la acción fueron utilizados elementos de demolición submarina de los empleados en la Segunda Guerra Mundial, y atribuyó el ataque a la Agencia Central de Inteligencia de Estados Unidos.

Según la radio habanera, la hora exacta del ataque fue las 7:30 de la mañana del día 23 de diciembre, en cuya hora hizo explosión una mina colocada en el casco de la embarcación, perecieron 3 tripulantes y resultando heridos 18 más, que se encontraban en las primeras actividades de esa mañana.

En el informe del Ministerio de las Fuerzas Armadas se hace constar que "este hecho significa la reanudación por el gobierno norteamericano de los ataques piratas que habían cesado temporalmente".

El pasado día 23, la organización antiextremista "Comandos Mambises", informó en Miami, que un grupo de sus comandos había atacado una lancha torpedera del régimen cubano en la bahía de Siguanes, Isla de Pinos.

Reportaje en el periódico Diario Las Américas sobre la Operación Baraguá.

Las acciones producidas por este grupo de hombres ranas, casi siempre en áreas marítimas y contra objetivos de esa clase, fueron numerosas. Ellos atacaban los objetivos que se le señalaban y algunas veces se adentraban solos o con comandos dentro del territorio firme para producir actos de sabotaje. Otra misión que realizaban los hombres ranas era la de infiltrar y sacar cuando fuera necesario, teams de infiltración o personas o individuos que habían que sacarlas de inmediato.

Alberto Beguiristaín fue actor de una de las acciones más espectaculares que se produjeron en Mongoose. Esta operación se realizó en Mayo de 1966. Consistía en sacar a un team que se había infiltrado y se suponía estaba funcionando. El lugar acordado para exfiltrar al team era en las inmediaciones del pueblo de La Fe, al este de la Península de Guanacabives, en la provincia de Pinar del Río, cerca de un faro conocido por el Faro de la Calabaza. El team había tenido problemas en tierra después de haber sido infiltrado. El radio operador fue capturado. El capitán del team, Domingo Baños, había logrado escapar y se trasladó y escondió en La Habana y creo que fue capturado y puesto en prisión. Baños era un miembro de la dirección del MRR en la provincia de Pinar del Río. El radio operador capturado comenzó a transmitir mensajes para que fueran a sacar el team. Desde luego, al no usar las señales para indicar que estaba transmitiendo bajo control, se organizaron las operaciones de rescate. En dos ocasiones que se intentó el rescate no pudieron hacer contacto y se captaron señales en los alrededores que minaron de sospechas a los rescatadores. Con la perspectiva de que pudiera ser una emboscada que les estaban haciendo, los hombres ranas trataron de hacer un nuevo intento de rescate. En una lancha de los hombres ranas, Alberto y Marcelo se bajaron y se acercaron al punto de encuentro. La lancha se quedó una distancia detrás preparada para cualquier eventualidad. Cuando Alberto se acercó y empezó a llamar por su nombre a los del team, lo recibieron con una andanada de tiros por todas partes. Embarcaciones y hombres trataron de capturarlos. La lancha tuvo que retirarse, así como el Intermedio que los había llevado al lugar. Alberto regresó donde Marcelo y los dos comenzaron a andar hacia un área en la que pudieran esconderse. Ahí comenzó una cacería inmensa, en la cual movilizaron todo el personal militar de la zona. Hacían disparos de rifles y morteros hacia áreas donde pensaban que pudieran estar escondidos. Mientras tanto, Alberto y Marcelo se movían nadando de un lugar a otro evadiendo los disparos y los cercos y batidas y peinadas de área que realizaban. Ellos tenían la certeza de que estaban cercanos pero no podían encontrarlos. Comiendo caracoles y todo lo que encontraban y tomando agua de los ríos y arroyuelos del lugar, los dos se movían previendo el movimiento de las tropas castristas. En esos movimientos se acercaron a un lugar de la costa, como un canalizo, donde oyeron voces y vieron dos botes pequeños de pesca, con dos pescadores cada uno. Se aproximaron y se escondieron sin que los vieran. Por la conversación se dieron cuenta que se estaban preparando para dormir dentro de los botes en ese lugar. Alberto tenía un revolver y algunas granadas de mano, Marcelo tenía una pistola y también granadas. Esperaron a que estuvieran bien dormidos y entonces los asaltaron y capturaron. Uno de los botes tenía un motor y gasolina, el otro no tenía motor. Empezaron a moverse navegando para buscar una salida al Estrecho de Yucatán. Había que estar vigilando a los cuatro hombres, así que tenían que mantenerse alerta. En la salida tropezaron con un soldado de Castro y tuvieron que matarlo. Al suceder esto, los pescadores se dieron cuenta de que el asunto para ellos era de vida o muerte y se empezaron a conducir con más obediencia. Cuando ya se habían alejado lo suficiente, metieron a dos de los pescadores en el bote sin motor y los dejaron a la deriva en el mar. Siguieron con los otros dos en el bote alejándose por el Estrecho. Así lograron llegar a las costas de México. Arribaron a un pueblito cerca de Mérida, Yucatán. En México fueron atendidos por las autoridades del lugar. Hicieron contacto con Miami y rápidamente los sacaron del país y los trasladaron a Miami. El 10 de Junio, casi un mes después de haber sido tratados de ser capturados, llegaron delgados y bastante maltratados, pero con vida. Todos los que estábamos involucrados en Mongoose celebramos con gran alegría el desenlace feliz de esta corajuda operación. Albertico fue siempre un baluarte firme de estas operaciones y de la lucha por la libertad de Cuba.

Operación de Cayo Güin

Sin apartarnos de las operaciones reconocidas por el régimen de Castro en la prensa, periódico *Revolución*, hay que mencionar las realizadas por el grupo de comandos conocidos por «Comandos Mambises». En la Operación de Cayo Güin, costa norte al Este de la provincia de Oriente, creo que en una zona cercana a Moa, existía un aserradero con naves, trenes y vías férreas, protegido por una fuerza de milicianos y guardias del Ejército Rebelde. Los comandos desembarcaron en el lugar, colocaron explosivos en lugares estratégicos e hicieron volar todo lo que existía allí. Terminada su misión, regresaron a su barco Intermedio sin sufrir baja alguna. Fue una de las operaciones más limpias que se hizo por esos combatientes.

En Casilda, cerca de Cienfuegos, en la costa sur de Cuba, los comandos llevados por un buque Madre y trasladados al área por un Intermedio, atacaron en sus lanchas un emplazamiento de tanques de combustible colocados en ese lugar. Los Comandos Mambises lideareados por su Jefe Manuel Villafaña, con recoilers y bazucas destruyeron el emplazamiento de tanques, ocasionando una gran conflagración. Los Mambises regresaron a sus naves sin sufrir nada que lamentar.

El combatiente y constante luchador por la libertad de Cuba, Luís A. Crespo nos detalla en la Revista Baraguá de Noviembre de 1997; Enero de 1998; y Marzo de 1999, los ataques realizados por los Comandos Mambises, mencionados y admitidos por la prensa del régimen fidelista.

Operación Strike:

«Son las 3:46 p.m. del 28 de septiembre de 1963. Desde dos puntos distintos salen el 'Leda', barco madre de 180 pies de eslora y 41 tripulantes, entre marineros y oficiales. Desde otro lugar sale el 'Lavo', buque intermedio con 6 tripulantes, más 12 comandos fuertemente armados con todos sus equipos. Es ésta una operación de marcada importancia económico-militar, por ello los comandos van con su jefe y su segundo al mando.

Es alta mar, la noche oscura; son las 8:43 p.m. Se apagan las máquinas del Leda, se ha hecho contacto radial con el Lavo. Treinta y dos minutos más tarde ambos buques están juntos en el rendevous indicado; sólo quince minutos toma el pasar los comandos con sus equipos a bordo. Parte el Lavo a las 11:03 y a las 11:04 el Leda hacia su objetivo.

Se navegan cinco horas a velocidad de crucero, se hacen marcaciones con puntos de referencia; el mar ligeramente picado. Cuando amanece se chequean todos los equipos, se prueba el funcionamiento de las armas, todo va bien. Navegamos otras 38 horas ininterrumpidas.

Estamos en aguas cubanas, condición Alfa, Operación Strike. En marcha, son las 8:11 p.m. del día 30. Estamos a 24.5 millas del Puerto de Baracoa, provincia de Oriente. Cuarenta y dos minutos más tarde nuestros radares indican 17.8 millas de Punta Guarico. A las 9:20 p.m. estamos a cinco millas y media de Puerto Maraví. ¡Ese es el objetivo! Un moderno aserradero que produce y abastece las traviesas de los raíles de ferrocarril en toda la República. Las informaciones conque contamos es que dicha instalación tiene una defensa de 12 soldados y alrededor de unos 20 milicianos armados; grandes depósitos de madera procesada y sin procesar, depósitos de creosota (líquido inflamable para impermeabilizar los postes) y depósitos de petróleo.

El Puerto de Maraví colinda al oeste con la Ensenada de Aguacate y al este con la Ensenada de Sigüa y un poco más al este el Puerto de Baracoa; al norte el canal viejo de Bahamas; todo esto al norte de la provincia de Oriente.

9:32 p.m. del día 30. Paramos, arriamos las dos V20s (lanchas) de desembarco y apoyo; cada una lleva seis comandos, éstos van armados con metralletas M-3 con silenciadores.

Las V20s van artilladas con una ametralladora calibre 30.06. Cada uno de los dos «teams» de comandos, además de sus M-3, va con un rifle B.A.R. automático. Las lanchas cubren al este y al oeste pegadas a tierra; el barco madre a dos millas de la costa, cubre el norte y el posible refuerzo que puede llegarle al enemigo desde Baracoa. Todos en sus puestos de combate; Gaspar Brooks (capitán del Leda) en el puesto de mando.

Salen las lanchas piloteadas con cautela y precisión; es grande la tensión. Son las 11:48 p.m. Tocan tierra. Avanza el «team» de reconocimiento y protección, se avanza lentamente pero seguros. Los comandos cargan más de 60 libras por hombre. Son sólo unos metros y lleva una hora reconocer y consolidar la posición. Al sur, el caserío (a sólo 200 metros) está tranquilo, no ha habido choque con las defensas comunistas (mejor para ellos). Los comandos colocan las cargas explosivas (200 libras de C-4), todo está oscuro y hay que trabajar con presteza y seguridad a la vez. Es reconfortante en medio de la tensión reinante el fuerte olor a madera aserrada, es algo que queda grabado para siempre en el recuerdo y en el espíritu. Resalta a modo de identificación de los Comandos Mambises el logo que llevan en sus uniformes de combate, con su lema 'Con la vergüenza'. Con cuánto orgullo se juegan la vida estos colosos del coraje que... ¡caramba!, no hay tiempo que perder, estamos dentro de los dientes de las hienas y tenemos que terminar y pronto. Entre las poleas, sierras, máquinas, cadenas y troncos se colocan las cargas; se van retirando en orden los comandos de la nave principal que tiene unos 50 metros de ancho por 150 de largo. Procede el segundo jefe a colocar los lapiceros de tiempo con su blasting cap en cada carga. Está oscuro y hay mucho impedimento. Se avanza muy lentamente pero con seguridad. A medida que se colocan los lapiceros de tiempo se accionan y se les quita el pin de seguridad. Todo es al tacto, con precisión y certeza; los pines o pasadores de seguridad hay que contarlos para estar seguros de que todos han sido removidos. Cuando se han puesto todos y han salido todos los hombres, viene caminando el segundo jefe que ha activado todas las cargas. De pronto algo lo empuja con fuerza brutal por la espalda es la onda expansiva de la explosión en cadena.

Los comandos se retiran en formación de repliegue, todo parece de día, aquellos es el infierno para los rojos. Desde el barco madre (3 millas) se ve la llamarada que sube al cielo como una llamada a Dios de los hombres de vergüenza y con mensaje inequívoco a los rojos, de que mientras exista un comando mambí, la última batalla no se ha librado.

Dos horas y siete minutos dura la operación en alerta máxima. Treinta y seis minutos más tarde son subidos a bordo los comando y las V20s parten hacia las bases respectivas. Tan pronto se aborda el buque madre, se hace un recuento de personal y equipo. Bajas: ninguna por nuestra parte. Pérdidas: una boina y una pinza de cortar alambres.

El enemigo comunista no reconoció bajas personales, pero a su economía se le asestó un duro golpe en miles y miles de pesos, pero sobre todo quedó probada la vulnerabilidad de sus defensas; éstas fueron penetradas y puestas en tela de juicio cuando la tiranía mostraba el esplendor de su poderío militar y su barbarie.

Aproximadamente tomó 4 días y 22 horas llevar a cabo la Operación Strike, donde le patriotismo, la destreza y el coraje, avalados por la vergüenza y la decisión, hicieron posible el éxito de la operación. La Marina Combatiente Cubana Libre y los Comandos Mambises son miembros de la Asociación de Veteranos de Misiones Especiales, casta de hombres y mujeres que nunca han rendido bandera ante las huestes rojas, pléyade de corajudos que no han pedido tregua ni la han dado.

Quede, pues, plasmado para las generaciones futuras de cubanos, el ejemplo de honor y la dignidad con que se ha luchado en esta gesta emancipadora que aún no hemos terminado.»

Operación Estrella:

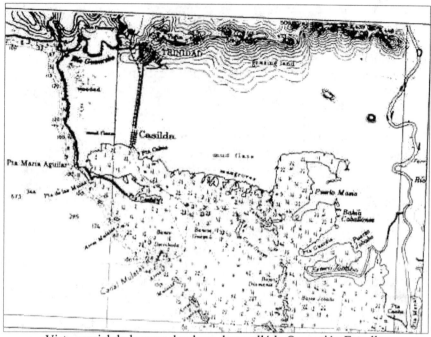

Vista parcial de la zona donde se desarrolló la Operación Estrella.

«10 de agosto de 1963. Son las 03:50 y ya las máquinas del Leda (buque madre de la Marina Combatiente Cubana Libre) han sido calentadas debidamente. El capitán Gaspar Brooks, sus oficiales y marinos están listos a zarpar: Se sueltan las amarras, se pone proa al mar abierto.

Se navega sin contratiempo por unas once horas; estamos en alta mar, el claro cielo, la brisa fresca, las aguas del estrecho de la Florida y nosotros. Se paran las máquinas para hacer prácticas de tiro con las armas; todas funcionan muy bien y las dotaciones acopladas a sus piezas.

Navegamos por 30 horas más y nuevamente paramos las máquinas; ahora realizamos práctica nocturnas de tiro con las piezas de 20 mm. durante tres horas; todo en orden, se limpian cuidadosamente las armas.

Amanecer del día 12. Son las 08:00; se hacen prácticas de control de averías y supervivencia en el mar, se prueban las balsas de goma V-20.

Es el día 13; son las 18:10; nos encontramos con el Lavo (Buque Intermedio) que trae a bordo el team de los comandos: son 12, siendo su unidad Los Comandos Mambises.

Navegamos tres días más. Ya todas las pruebas han sido hechas con resultados magníficos. Continuamos navegando, estamos al sur de nuestra Patria, en la parte central. Sabemos que otros bravos se baten todos los días heroicamente en la Cordillera del Escambray; nuestro objetivo es de desgaste económico a la tiranía comunista y de aliento y solidaridad con los que luchan y mueren diariamente en aras del decoro y el honor.

Amanece el 17, claro y pujante el sol de agosto. Son las 07:45, llega el BEE (Buque Intermedio), se ultiman los detalles. El ataque será en la Bahía de Casilda, en las faldas del Escambray, muy cerca de Trinidad, en las Villas.

Nuestra inteligencia conoce que el puesto naval de la marina comunista cuenta con una ametralladora Cal. 50 mm. y varios fusiles automáticos; cerca de los depósitos de combustible (nuestro objetivo), hay emplazadas cuatro ametralladoras de cuatro cañones cada una (cuatro bocas) Calibre 14.5 mm. con sus dotaciones.

Por nuestra parte, contamos con un cañón sin retroceso (recoil) de 75 mm., un mortero de 81 mm., más las armas normales de los comandos. Todas nuestras unidades están en zafarrancho de combate, con las piezas listas, en alerta máxima. Son las 21:35 del día 17, se arrían las dos V-20 con seis comandos y dos marinos en cada una de ellas; el BEE junto a ellas.

Parten el BEE y las dos V-20, el LEDA avanza y se coloca al suroeste, a tres millas de la costa, previendo cualquier refuerzo que pueda venir de Cienfuegos. El BEE se coloca a la entrada del canal de La Mulata, las V-20 entran al canal y avanzan hacia el objetivo; los comunistas han instalado potentes reflectores para proteger los tanques de combustible y evitar que alguien pueda acercarse sin ser detectado. Los comandos desembarcan en la lengüeta de tierra que hay frente a los depósitos de combustible a unos 1,500 metros de distancia. Al oeste del punto de desembarco hay un complejo turístico en construcción, a unos 300 metros, al cual se llega por una carretera no terminada. Se establece la defensa en esa dirección, se protegen las lanchas que han llegado a tierra, se procede a instalar el mortero de 81 mm. y para evitar que su base se entierre demasiado se coloca sobre un plywood grueso; se instala el cañón sin retroceso de 75 mm.

Todo preparado; los barcos y los hombres en sus puestos, la mirada en la libertad, el corazón (y lo otro también), en CUBA, LA PATRIA IRREDENTA.

Desde nuestra posición no podemos distinguir qué hay detrás de los reflectores comunistas. Se decide lanzar una luz de bengala de 500,000 WATTS; así se hace. Tan pronto se ilumina el campo de batalla, las cuatro piezas comunistas rompen fuego, pero se confunden y le tiran a la luz de bengala, pensando que es un avión. Nuestro cañón sin retroceso de 75 mm. abre fuego con una bala trazadora marcando una línea aterradora; pasa sobre las defensas rojas y hace impacto en el poblado de Casilda, precisamente (lo supimos después) en una casa que era nido de comunistas. Al hacer fuego con nuestro cañón, la llamarada del mismo delata nuestra posición y el fuego comunista se concentra sobre nuestros comandos, los manglares crujen como estampidas de elefantes a las espaldas de nuestras fuerzas, una cortina de fuego busca nuestro emplazamiento. Se ordena no disparar el 75 para no señalar nuestra posición, nuestro mortero de 81 mm. hace gala de su eficiencia y son lanzados con gran celeridad 13 proyectiles, que uno tras otro hacen blanco en el objetivo.

Las llamas del combustible llegan a verse desde muchos kilómetros de distancia, y el olor al crudo quemado alcanza más allá de Casilda y sus alrededores; se ordena la retirada, un fuego graneado está batiendo todo el recorrido de salida. Logra salir la V-20 #2, pero la otra, maniobrando para no ser blanco de la metralla roja, encalla en los arrecifes. Todos al agua es la orden, se empuja, prácticamente se alza en hombros la lancha, toma varias horas el poder sacarla. Ya casi de día se logra salir de la costa, se navega rumbo sur franco, a medio día se paran los motores, el daño en los arrecifes ha sido grande, se ordena requisar toda la comida y el agua a bordo. Se rompen los bancos de sentarse y se improvisan unos remos, también se hace una vela con un poncho, aunque no muy alta para no ser detectada por los comunistas que nos están buscando.

Después de pararse los motores y hacerse los remos improvisados, se establecen guardias de remar de una hora por tres de descanso, el rumbo sur franco. A pesar del cansancio y la fatiga se rema durante casi 36 horas. Como el viento y la corriente baten la lancha con fuerza y ya se vislumbra a unas seis millas Caimán Brac, se decide inflar las balsas de salvamento y tratar de alcanzar el cayo, pues de lo contrario se corre el riesgo de que nunca más se toque tierra. Con muchos esfuerzos se arriba al cayo en horas de la noche, las balsas se destrozan en los dientes de perro y allí, sobre los arrecifes, se tienden exhaustos los hombres, después de asignar las guardias pertinentes.

Mientras tanto el Leda y el BEE ponen en marcha el plan de rescate y salvamento, pasan las horas y crece la tensión. El punto más cercano a las costas cubanas es Caimán Brac, un islote rocoso de 5 millas de largo por 1 de ancho, situado a unas 125 millas al sur de Cuba.

Se hace un breve contacto radial pero se pierde. Durante todo el día se rastrea la zona en busca de la V-20 #1 con los comandos a bordo.

Son las 03:24 del día 19. Se detecta al oeste una fragata de la armada comunista; están buscando también. Se encuentra a 60 millas de nosotros; desde el Leda y el BEE se detecta una luz en proa y se procede a identificarla: negativo, no son los nuestros.

Pasa el día 20 en búsqueda constante. Amanece el 21, son las 07:30, se detecta el personal de V-20 #1 en Caimán Brac; tres horas más tarde los tenemos a bordo.

Rumbos, recuentos, anécdotas, abrazos, nuevamente los Comandos Mambises volvían triunfantes. Nuevamente se había entrado en las mandíbulas del oso rojo y se le había golpeado en los dientes. En el Escambray heroico los patriotas que luchan se sienten reconfortados al saber que desde el exilio otros patriotas hostigan a la tiranía y están dispuestos siempre a dar la batalla.

Navegamos de regreso a la base el 24. A la 01:45 el Lavo, al lado del Leda, recoge los comandos y sus equipos; parten a sus respectivas bases. Una nueva jornada de gloria para las armas cubanas libres, la MARINA COMBATIENTE, los buques madres, los intermedios, los COMANDOS MAMBISES, son el vivo ejemplo de un pueblo orgulloso de su destino.

Dos semanas, 14 días, de intenso trabajo, de experiencia y patriotismo, de valor y abnegación, pero sobre todo, de identificación con los valores morales de un pueblo. Las generaciones futuras de cubanos, en su día y en su historia, sabrán que esa pléyade de Estirpe Mambisa de las filas de la Asociación de Veteranos de Misiones Especiales fueron columna vertebral en la salvaguarda del Honor Nacional.»

Operación Centella:

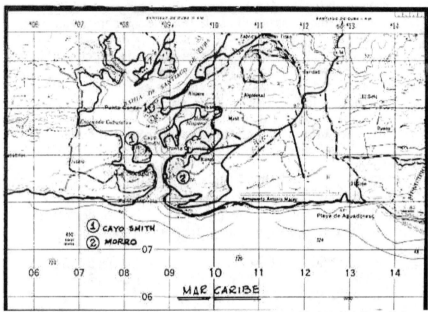

Mapa de la Bahía de Santiago de Cuba y alrededores (Operación Centella).

«Es marzo 8 de 1961. El Bárbara J, barco madre de la Marina Combatiente Cubana Libre navega al sur de Cuba, cerca de Oriente, después de haber realizado con éxito una misión de infiltración en territorio cubano. Ahora, y sin descanso, se dirige a la próxima misión; ya están a bordo los comandos con sus equipos.

Todos se encuentran contentos, el mar tranquilo, el día transcurre sin novedades. Amanece el 9 con un sol radiante, se preparan las armas y termina el día sin contratiempos.

Amanece el 10. En la mañana se prueban las armas, se practica el tiro, todo en orden. La lancha de los comandos tiene 20 pies de eslora y está equipada con dos motores (fuera de borda) de 40 caballos de fuerza cada una, una ametralladora

104

calibre 50 y un rifle 57 mm. sin retroceso, más las armas personales de los comandos.

Cae la noche y se acercan a la costa con las luces apagadas. Nuestras fuerzas en zafarrancho de combate; el mar se ha puesto muy picado, se entra hasta el mismo Morro a la entrada de la Bahía de Santiago de Cuba. El objetivo es bien ambicioso: la destrucción de la refinería de petróleo. La violencia del tiempo hace imposible el bajar la lancha y se suspende la operación para el día siguiente en la noche.

Transcurre el día 11 y el mar se calma un poco. De nuevo hacia la costa, de nuevo frente a la entrada de la bahía surge un nuevo contratiempo: la grúa para arriar el bote no arranca y da un chisporroteo que se puede ver desde tierra. Por fin arranca, pero el bote se bambolea peligrosamente, se suelta el cabo de proa y el bote se da un golpe fuerte en el fondo. También uno de los motores fuera de borda se rompe. Por si fuera poco, el jefe de los comandos se tuerce un pie y se le inflama, por lo cual lo atiende el médico de a bordo. El capitán del Bárbara J decide posponer la misión para el día siguiente. Nuevamente nuestras fuerzas se alejan de la costa oriental.

Durante la mañana del día 12 se repara el bote y se arreglan los motores del mismo; a su vez al buque madre se le rompe el radar. Sin embargo, se procede con la operación. Son las 12:15 a.m. del 13 de marzo. Después de arriar el bote hay que bajar al jefe de los comandos con su pierna entablillada. El bote desacodera del buque madre y pronto se pierde en la noche entrando en la Bahía de Santiago de Cuba. Se recibe la primera llamada del Team de Comandos (6 en total, contando con un timonel del buque madre); nos dicen que están frente al Morro esperando que entre un barco mercante para después hacerlo ellos.

El Bárbara J se sitúa cerca del Morro, la luz del faro lo baña por completo; ahí se espera hasta que regresen los comandos. Mientras tanto, en tierra, dos comandos aseguran el área y dos colocan las cargas en la torre de la refinería de petróleo. Hecho esto, regresan al bote y abren fuego con el 57 mm.; ocho disparos en total, todos dan en blanco. Desde el Bárbara J se ven las llamaradas de los impactos y se oye el estallido de las explosiones de las cargas; hay júbilo inmenso a bordo. Desde una casa aledaña a la refinería algunos soldados abren fuego con sus AK-47 sobre nuestros hombres, que al momento responden a la metralla roja con la metralla libre. La calibre 50 y los fusiles automáticos 30.06 silenciaron enseguida las huestes rojas. Todo fue breve, relampagueante, donde los nuestros ganaron. Comienza la retirada de los comandos y al pasar frente a Cayo Smith un miliciano alumbra con una linterna y da el alto a nuestra gente; acto seguido dispara con su pistola Macarof; fue lo último que hizo en su comunista vida. Los nuestros responden y sólo se ve la linterna brincando por el aire, seguido de un profundo silencio.

A bordo del buque madre hay incertidumbre, pues no ha habido más comunicación radial. El capitán reitera que esperaremos el regreso de los comandos pase lo que pase.

Mientras tanto, los dos motores del bote se paran sin aún salir de la bahía, frente al Morro, y es cuando desde esa posición les abren fuego con ametralladora de 20 mm., entablándose un fiero combate donde los nuestros están en inferioridad de volumen de fuego y sin la protección de los muros de piedras de los comunistas. Pero los asiste el coraje y la razón. Desde el Bárbara J se ve el fuego cruzado, una ráfaga pasa sobre la cubierta; no se abre fuego para no delatar la posición del buque. En medio del inmenso tiroteo se logra arrancar los motores del bote y también silenciar la ametralladora roja del Morro.

Un silencio sepulcral lo llena todo de nuevo. Son cerca de las 4 de la mañana, pronto amanecerá. Después de los combates no hemos tenido comunicación con los comandos. De pronto, desde la costa se enciende un reflector y rastrea el litoral, señal inequívoca que los buscan afanosamente. Suena una ráfaga que liquida al que maneja el reflector y a su vez éste revienta en pedazos. Se hace de nuevo el silencio. Hace más de 4 horas que no ha habido comunicación por radio. Pasan unos minutos más y recibimos una llamada en clave. Vienen hacia el barco por la banda de estribor. Unos minutos más tarde acoderan y suben a bordo; ponemos el bote a remolque y salimos mar afuera, alejándonos de la costa.

Ya está amaneciendo cuando divisamos cuatro aviones comunistas que han levantado vuelo y nos buscan afanosamente. Pero, ¡increíble!, no se alejan del litoral o no quieren alejarse. No obstante, nosotros nos alegramos que así sea.
Durante el día se limpian las armas. El júbilo cunde entre los comandos, y la tripulación del «Bárbara J» sabe que se ha hecho historia, se les ha pegado, ¡y duro!

La patria cubana se llena de gloria por el coraje de sus hijos. ¡Misiones Especiales ha logrado un nuevo triunfo! ¡Gracias, Dios nuestro, por habernos permitido cumplir con nuestro deber, y prémianos, Señor Todopoderoso, con el placer de terminar la obra.»

En las Minas de Matahambre, en Pinar del Río, una operación realizada por comandos infiltrados efectuando una acción de ataque fueron sorprendidos y tuvieron que librar combate contra las fuerzas castristas. Hubo bajas y dos de los infiltrados, Orozco y Vera, fueron capturados después de ser heridos. Fueron condenados a prisión y luego de muchas gestiones, los americanos consiguieron que los dejaran en libertad y los regresaron a Miami. Algo semejante sucedió en una operación en la que iba como P.A., Clemente Inclán. Al infiltrarse fueron detectados y después de un combate, Inclán fue capturado. Fue juzgado y condenado a prisión. Después de cumplir varios años, obtuvo su libertad y regresó a Miami.

En esa primera fase ofensiva participé en la preparación y funcionamiento de una operación en la que un cubano joven, que había intervenido en el incendio y destrucción de un establecimiento de La Habana cuando estuvo funcionando con el clandestinaje dentro de Cuba, fue infiltrado usando una balsa en la carretera de la Vía Blanca, al Este de La Habana. Usando una motocicleta de fabricación checa, igual a las que circulaban en Cuba, se trasladó hasta el Cotorro, en las cercanías de la ciudad de La Habana. Allí se escondió y permaneció por unos días en una casita de desahogo que tenían en el patio de la casa. Siguiendo el plan trazado, compró y se hizo pasar por un billetero, trasladándose al pueblo de Regla donde existía una plantica auxiliar de electricidad que era el objetivo de su misión. Usando su cubierta de vendedor de billetes de lotería logró socializar con los dos guardias que tenían colocados para cuidar la planta. Cuando se ganó la confianza de ellos, aprovechó el momento oportuno y le colocó explosivo C-4 con detonador de tiempo. Al producirse la explosión ya él estaba de regreso en el Cotorro. El hombre fue recogido más tarde por contactos dentro de Cuba, sacado y regresado a Miami sin problemas.

En esta fase agresiva de la Operación Mongoose, los comandos y los hombres ranas realizaban operaciones en lugares donde con previa inteligencia del área se infiltraban y volaban objetivos con explosivos, quemaban cañaverales, casas de tabaco y todo lo que pudiera ser dañino para el régimen. Además se hacían operaciones simuladas con el fin de provocar que el gobierno tuviera que movilizar tropas y hombres en lugares donde el mosquito y el jején hacían zafra, creando descontento. En estas operaciones simuladas se usaba un tipo de explosivo que era como unas latas de color oscuro con un dispositivo. El efecto de ese artículo cuando explotaba era el de producir un ruido similar al de una fuerza atacando con granadas sin que el mismo causara daño alguno. Esto, además de movilizar a las tropas castristas, ponía en circulación los medios de comunicación entre ellos revelando los lugares donde se encontraban. Otra operación simulada consistía en dejar en un área escogida una lancha o un bote con un rifle, una ametralladora o algún otro dispositivo que les hacía sospechar que había alguna infiltración realizada en ese lugar. Enseguida mandaban tropas para peinar y registrar la zona. Además estas operaciones simuladas revelaban las posiciones donde estaban ubicadas esas tropas.

Capitanes de la Operación Mongoose

Algo digno de mención en Mongoose es la actuación y la capacidad con que operaban los capitanes de los barcos Intermedios. Yo navegué y operé con 4 ó 5 de ellos. Estos barcos que oscilaban entre 45 y 60 pies de eslora, alcanzaban velocidades de hasta 30 nudos. Eran sólidos y por lo general llevaban una tripulación de unos 8 hombres. El Capitán, un Segundo, un maquinista, un radio operador, artilleros y alguno de ellos que servía de cocinero. El armamento que llevaban consistía en ametralladoras calibre 50, gemelas en proa y popa, calibre 30, BAR, rifles, recoiler 57 o 75, granadas y minas. En operaciones de largo alcance, como por la costa sur de Cuba, eran remolcados por los barcos Madre de mayor tonelaje. En ese caso, el barco Madre se quedaba a unas 40 millas de la costa de Cuba y el Intermedio maniobraba la acción hasta la costa o el lugar cercano necesario.

Orlando Soto era Capitán de un Intermedio con el cual realicé más de 30 operaciones. Comenzó como lanchero en operaciones de comando, infiltración y llevando teams de infiltración. Él había comenzado su lucha contra el régimen de Castro desde 1959 colaborando como agente de la CIA dentro de Cuba. Después de su labor como lanchero se le entregó un barco Intermedio. Orlando fácilmente tuvo más de 300 operaciones a Cuba sólo en el período de Mongoose. Él comenzó a funcionar antes de Mongoose; estuvo involucrado en operaciones como la de Siguanea, Casilda, Cayo Güin y otras. Su tripulación de ocho hombres o más, con su Segundo Alexis Rodríguez, eran combatientes experimentados y funcionaban con gran eficiencia.

Rolando Martínez, «Musculito», era Capitán de otro Intermedio. Al principio tuvo uno de más de 30 pies de eslora, después le dieron otro de casi 60 pies. Rolando, miembro del MRR, había estado operando antes de la invasión de Bahía de Cochinos en operaciones de infiltración, llevando armas, equipos y hombres a Cuba. Junto con Santiago Babún que manejaba la operación desde tierra, y con el apoyo de la CIA, funcionaban con una embarcación de unos 26 pies de eslora, el Rafle o Rifle, que con Kikío Llansó de Capitán, Kim de mecánico y Rolando de artillero, por un largo tiempo dejaron y sacaron hombres que se infiltraban dentro de Cuba, así como armas, equipos y explosivos. Ellos trabajaron mucho utilizando el Punto Fundora, llamado así en homenaje a su creador y operador Jorge Fundora. Después de esta etapa pre-invasión de Playa Girón, Rolando se convirtió en Capitán de Intermedio en la Operación Mongoose. Realizó más de 300 operaciones a Cuba en esa actividad y estuvo en casi todas las acciones de ataques u ofensivas que se hicieron hasta inicios de 1964, prosiguiendo en operaciones de inteligencia, llevando teams de infiltración, hombres ranas y comandos. Tenía una tripulación capacitada y con experiencia que cumplió cabalmente los objetivos que les fueron encomendados.

Guillermo Cancio había sido Oficial de la Marina de Guerra anterior a Castro. Era un experimentado marino y fue el primer Capitán de un Intermedio con el que operé. Tengo entendido que después de algún tiempo, por motivos de salud, Guillermo tuvo que dejar de realizar operaciones. Es un hombre valiente, muy cuidadoso del funcionamiento de su nave y su tripulación lo seguía y confiaba en él a cabalidad. Con Guillermo estuve en dos operaciones en las que las condiciones del mar eran más que peligrosas. Debido a la urgencia requerida, miembros de organizaciones que se encontraban ocultos en las cayerías esperando a ser sacados, hubo que atravesar el Golfo en condiciones malísimas. La pericia marinera de Cancio nos permitió llegar al objetivo en una de esas operaciones. En la otra no pudimos navegar por el agitado Golfo y sólo una maniobra maestra de Cancio salvó que el barco se hundiera. Con Guillermo realicé más de 20 operaciones. Es un Caballero del Mar que por su patriotismo y valentía le hace honor a su cargo de Oficial de la Marina de Guerra Cubana.

Maruri fue otro Capitán de Intermedio con el que hice operaciones a Cuba. Estuvimos juntos en una difícil y peligrosa operación que se hacía en la costa sur de la provincia de Oriente. Con precisión y con el profesionalismo de un hombre de estirpe marina, fue hecha esa operación de rescate en la cual hubo que acercarse casi a la misma costa. Maruri realizó muchas operaciones en Mongoose sin que, al igual que otros capitanes, tuvieran bajas ni problemas que lamentar.

El objetivo de los teams de infiltración era tratar de establecer contacto con personas dentro de Cuba para reclutarlos y organizarlos para operar clandestinamente. Casi siempre esta operación contaba con alguien del team que tuviera un contacto con una persona o personas en la zona escogida. Este contacto podía producirse en el área de pesca de una cayería de la costa o en tierra adentro, cercana a las costas. La primera operación era la que podía presentar problemas. Había operaciones en que para iniciar un contacto se necesitaba ir varias veces al área. Esta era una operación a ciegas. Una vez realizado el contacto se comenzaba a trabajar con el agente reclutado. El capitán del team le daba un entrenamiento elemental para que pudiera trabajar sin ser detectado. El agente asistía al team durante el tiempo que permanecía en el área. Le proporcionaba alimentos, información y reclutamiento de otros agentes.

Durante la fase ofensiva, estos agentes realizaron sabotajes en distintas partes dentro del territorio. Además se les daba dinero cubano para que se pudieran desenvolver. El team de infiltración llevaba una documentación falsa suministrada por la CIA, como cartera dactilar, carnet de sindicatos, de clínicas y otros documentos que se duplicaban usando los que se recogían a los cubanos recién llegados a Estados Unidos. De esa manera cualquier miembro del team se movía dentro del suelo cubano.

Una vez establecida la célula clandestina se le empezaba a proveer de todo lo necesario para operar. Si alguno de los reclutados poseía un automóvil, si necesitaba piezas de repuesto, gomas u otra cosa para su funcionamiento, el team se lo facilitaba en el próximo viaje. Así el agente tenía la facilidad de mover a un infiltrado a cualquier parte del país. Las células clandestinas formadas en este proceso asistieron e hicieron sabotajes dentro de Cuba, movieron hombres que se infiltraron para realizar operaciones, sacaron a personas que tenían problemas dentro del país por haber estado envueltos en actividades contra el régimen; en fin, su labor fue fructífera y bastante exitosa ya que muy pocas veces fueron detectados. Defectores del régimen fueron sacados por algunas de estas células, también dejaban y recogían bultos y mensajes en los lugares que se les indicaban.

Operaciones de infiltración

Durante la Crisis de los Cohetes en 1962, los teams de infiltración fueron colocados en estado de alerta y permanecieron en sus casas de seguridad para ser utilizados en caso de que fuera necesario. Se planeó mandarlos a sus áreas para reportar información de movimiento de tropas. Esto duró hasta que se terminó la Crisis pero hubo agentes que se infiltraron con anterioridad a la misma y que estuvieron informando durante todo el proceso. Conozco el caso de Carlos Pascual. Ricardo, su nombre de guerra, había pasado un entrenamiento de inteligencia y de radio operador. En el mes de Septiembre de 1962, Carlos Pascual fue infiltrado en un punto a unas 20 millas al oeste de la ciudad de Santiago de Cuba. La infiltración se produjo en una lancha V-20 manejada por Nelson Iglesias. Carlos fue dejado en un lugar de la costa llevando consigo su equipo de comunicación, armas personales para su defensa, granadas de mano y un valor a toda prueba. Allí fue recibido por un pequeño grupo de cubanos del área previamente notificados de su arribo. Este grupo de patriotas, que según Carlos sumaban más de 200, tenían una red clandestina organizada que se movía desde el punto donde fue infiltrado, a lo largo de la costa sur de Oriente, pasando por la ciudad de Santiago de Cuba en dirección Este hasta una finca situada en la zona de La Maya, cerca de Guantánamo. Carlos fue llevado por ese grupo hasta la ciudad de Santiago de Cuba donde, permaneció escondido 4 ó 5 días, hasta que vino otro contacto y lo llevaron a una finca en la que se estableció para realizar su labor de espionaje hasta el 20 de Diciembre de 1962, que fue sacado de Cuba por el mismo lugar por donde había entrado. Estuvo alojado en una casa de campo en la cual lo ocultaron y trataron en todas sus necesidades de comida, alojamiento y seguridad. La red clandestina estaba lidereada por unos hermanos que formaban parte de una familia que había tenido problemas con el régimen debido a sus contactos con el gobierno anterior a Castro. Cuando comenzaron a producirse los hechos que precedieron a la Crisis de Octubre, Carlos recibió instrucciones para que comenzara a obtener información del movimiento de tropas y armamentos que se produjera en el área. Los integrantes de la red le informaban de toda esa actividad en sus distintas zonas. Así que los servicios de inteligencia americanos recibían toda la información que ellos obtuvieron en esa parte del sur de la provincia de Oriente. Terminada la Crisis, la situación en el área de operaciones comenzó a ponerse tensa. Carlos pudo comprobar que uno de los hermanos que no colaboraba con los otros, comenzó a hacer preguntas para obtener datos acerca de su procedencia, tratando de romper la cubierta que los demás le habían proporcionado. Por fin recibió órdenes para moverse al punto donde entró para ser evacuado. Antes de irse instruyó a los dirigentes de algunos pasos que podían realizar para entorpecer los movimientos del personal del régimen en el área. Eso lo condujo a percibir puntos peligrosos para la red, llegando a la conclusión de que existía la posibilidad de que fueran descubiertos. Así se lo hizo saber a los líderes y a la CIA a su regreso a Miami. No obstante, infiltraron a otro agente para sustituirlo que fue detectado, detenido y puesto en prisión con más de 100 hombres del área.

Carlos pasó a formar parte de los Comandos Mambises donde estuvo a cargo de operaciones navales, rindiendo una labor heroica. En una operación producida en La Esperanza, al norte de la provincia de Pinar del Río, en Agosto de 1967, en la cual un grupo de comandos fueron a sacar un team infiltrado donde se encontraba el flaco Sageda, entabló combate con los barcos y fuerzas castristas apostados en una emboscada en el lugar, rescatando al team y destruyendo una de las naves del régimen, ocasionándole muertos y heridos. Carlos salió ileso de la operación que fue un rotundo éxito.

José (Tati) Ortiz era un santiaguero de la provincia de Oriente que comenzó a operar en Mongoose dentro del team de los Comandos Mambises que capitaneaba Manuel Villafaña. Participó en varias operaciones ofensivas durante la primera fase de Mongoose. Estuvo como observador avanzado en una operación en la que trató de volar los tanques de combustible de la Texaco en la ciudad de Santiago de Cuba. Esta operación no pudo realizarse en su totalidad y tuvieron que marcharse de la zona bajo el fuego incesante del enemigo. Cuando las operaciones ofensivas se limitaron después del año 1964, Ortiz solicitó ser cambiado para un team de infiltración. Tomó un curso de radio operador y se le designó a un team capitaneado por Dorrego. Este team, al cual yo asistí como P.A. sustituyendo a Otto Giner que era su P.A. oficial, realizaba una de las operaciones más atrevida y arriesgada hechas durante Mongoose. El team estaba formado por cuatro hombres: Dorrego, Paco, Tony el guía y Ortiz de radio operador. Para realizar esta operación había que navegar en un barco Madre hasta la costa sur de Oriente. A unas 40 millas de la costa nos trasladábamos en un Intermedio hasta unos metros de la orilla, en una ladera de una montaña a unos cuantos kilómetros de Guantánamo. Para subir esa ladera, un team de hombres ranas había explorado la manera única de hacerlo. También idearon un sistema para subir la carga y el equipo que necesitaban para trabajar en ese lugar. Con la ruta trazada, la nave Intermedia utilizando una balsa de goma dejaba al team en la costa.

Ellos subían la montaña y el guía Tony, que era del área, los llevaba hasta el contacto que ya tenían. Este contacto realizado por Tony ya estaba operando con ellos desde hacía tiempo y tenían organizada una célula clandestina en la montaña. El grupo ya era numeroso y se desenvolvía con éxito. El team de Dorrego, con Ortiz permanecía infiltrado en esa zona por lo general más de un mes. Para llegar al punto de contacto con sus agentes, tenían que caminar unos 20 kilómetros en la montaña; se ocultaban y cobijaban en cuevas donde recibían alimentos y ayuda de sus colaboradores. En el área, todos los que formaban parte de esta red clandestina estaban en la disposición y con el deseo de combatir al régimen de Castro. El team de infiltración les dio entrenamiento a estos hombres y les proporcionó armas y equipos. Fue muy duro para este team y los hombres que reclutaron tener que suspender esas operaciones cuando se había adelantado bastante en la organización de una red clandestina en la región. Para sacar al team se empleaba la misma forma que para infiltrarlo, una balsa y el Intermedio.

Otro team con el cual yo operé también como P.A., sustituyendo a su agente principal, era el conocido en broma por el team de los enanos. Estaba formado por tres hombres, todos ellos de baja estatura pero grandes en coraje y valor. Fernando Palenzuela era el radio operador, poeta e intelectual, radicado actualmente en Miami. Quino, un joven de valor entero, era el Capitán del team y el Guajiro de Pinar del Río, cuyo nombre no recuerdo. El team era dejado por el barco Intermedio a unas pocas millas de la costa sur de Pinar del Río hacia la parte este de la provincia. Ellos entraban en su lancha que conducía el Guajiro, que creo también era pescador del área. Escondían su lancha en la cayería y establecían sus contactos con los agentes que tenían reclutados. Realizaban su operación y se mantenían varios días en la zona.

Los teams de infiltración proveían a sus contactos dentro de Cuba con un entrenamiento elemental. Unos de esos entrenamientos comprendía enseñarles a manejar un sistema de señas y de comunicación clandestina. El metascopio y el papel infrarrojo formaban parte de un sistema de señas que aseguraban que el encuentro se hacía con seguridad. El hombre de tierra usaba una linterna envuelta en ese papel infrarrojo que colocaba en una forma convenida que podía indicar seguridad o peligro en el encuentro. Había otro sistema de comunicación muy sencillo que consistía en utilizar un radio de uso casero y corriente, que debería estar sintonizado en una estación de onda corta a una hora determinada y era siempre en horas tempranas de la mañana. El receptor en Cuba recibía y se le enseñaba a manejar un código consistente en un libro pequeño lleno de números que formaban una clave. Para recibir el mensaje era activado en un programa musical radiado, una pieza musical conocida, por ejemplo, Siboney, Guantanamera, etc. Cuando se oía esa pieza, un mensaje podía ser transmitido. Cuando lo era, se le leía una cantidad de números que se encontraban en una página indicada en la numeración y lo único que tenía que hacer era leer esos números en el libro y descifrar el mensaje. Ese y otros sistemas que se usaban podían convenirse con los agentes. Lo cierto es que todos trabajaron con frecuencia y efectividad.

Aunque he mencionado ampliamente cómo se producía el desenvolvimiento de las operaciones de infiltración por los hombres que realizaban estas misiones, hubo algunas dentro de las más de 100 que realicé, desde Septiembre de 1961 hasta Mayo de 1967, que también merece la pena mencionar. Aunque muchas fueron exitosas, también hubo otras que por distintas razones no lograron realizarse. Un team del cual yo fui su único P.A., trabajó conmigo varios años y fue muy exitoso en su trabajo. El Capitán del team era Rodolfo Porfirio Ramírez, más conocido por el Niño Ramírez y con el nombre de guerra de Cheo. El Niño era el hermano del que fue Presidente de la Federación Estudiantil Universitaria de la Universidad de Santa Clara, en Las Villas. Porfirio Ramírez, que combatió al régimen de Batista, era Capitán del Ejército Rebelde. Un anticomunista. Se rebeló contra Castro y se alzó en las lomas del Escambray. Fue capturado con otros compañeros, condenado a muerte y fusilado por los castrocomunistas. El Niño también se alzó contra Castro y peleó en el Escambray formando parte del famoso y valiente grupo de combatientes del Frente del Escambray. Nicolás Salado, el Colo, era un pescador de la zona al Norte de Isabela de Sagua, en Las Villas. El Colo era el guía del grupo, que tenía sus familiares en esta zona pesquera y era el que suministraría el contacto en la operación. Reynaldo Rodríguez era de la provincia de Matanzas y funcionaba como artillero primero y después se entrenó y pasó a ser el radio operador del team. El cuarto miembro lo fue Juan Félaifel, que era el radio operador hasta que fue capturado en Cuba. Este team operó en la zona de cayería principalmente al Norte de Isabela de Sagua hasta Caibarién. El contacto fue hecho por el Colo con familiares que pescaban en esa área. Después de organizada la red clandestina se empezó a operar en la parte norte y adentro de Las Villas donde estaban los contactos del Niño. Este team inicialmente realizó operaciones de sabotaje en Las Villas y más tarde de inteligencia. A través de su grupo introdujeron armas, explosivos, equipos, infiltraron y sacaron hombres, recogían y llevaban mensajes y objetos que les entregaban. Hicieron una conexión en Remedios, mediante sus hombres de adentro, con unos residentes de una finca que estaba situada colindante con una Base de cohetes rusa. Esto sucedió durante los días de la famosa Crisis de los Cohetes. En la finca vivían tres muchachas muy bonitas de apellido Aguirre. Los rusos de la Base establecieron amistad con los Aguirre y las muchachas cubanas. Se nos informó que las muchachas con frecuencia se retrataban con los rusos usando una antigua cámara de cajón que poseían. Entonces se elaboró un plan para tratar de sacarle fotografía a la Base rusa. Se les pidió la cámara a las muchachas, que aceptaron, y se trajo la misma a Miami, donde se le hicieron arreglos para darle mayor radio de captación. De vuelta, lograron retratar a los rusos con ellas, tomando de fondo la Base rusa, la cual quedaba separada por una cerca de alambres. Estas fotos fueron traídas a Miami por el team y entregadas al C.O. Tengo entendido que formaron parte del conglomerado que, con otras más sofisticadas, sirvieron para descubrir la entrada de cohetes rusos en Cuba. Las muchachas y sus familiares salieron del país y las conocí junto con el team en la ciudad de Nueva York a donde fueron a residir.

En Febrero 22 de 1966 el team del Niño realizó una operación de infiltración en la que yo entré con ellos para asistirlos en una acción que se quería producir. El barco Intermedio nos dejó a unas tres millas de la costa como siempre. Al llegar a la cayería, el Colo divisó a distancia no muy lejos, que había un barco pesquero fondeado más allá de la entrada que él solía usar en sus infiltraciones. Decidió y escogió otra entrada por otro canalizo. Cuando pasamos el canal, en un área donde se abría el canalizo como si fuera un lago, avanzamos para pasar esa zona. De pronto veo que el Niño que iba sentado conmigo en la proa de la lancha coge el BAR que llevaba, lo palanquea y empieza a disparar contra el mangle que teníamos enfrente. El había visto un bote escondido en un manglar y antes que ellos empezaran a disparar le vació dos peines completos de BAR. Yo utilicé mi M-3 y comencé a disparar también. Aunque no veía el bote, las chispas de los disparos de los castristas me indicaban a donde tirar. Reynaldo, que llevaba la ametralladora calibre 30, disparaba también. Así se produjo un combate que duró 10 ó 15 minutos. La lancha nuestra seguía avanzando lentamente hacia el manglar, el Niño me indicó que le dijera al Colo que saliera rápido del área. Cuando se lo dije al Colo, la lancha comenzó a salir. Entonces nos tiraron un flair que alumbró el lugar como si fuera de día. Cuando regresé a la proa para seguir disparando con el Niño, me hirieron en el tríceps del brazo izquierdo. La bala de un Fal me atravesó la carne de un lado al otro y rozando el jacket que tenía puesto a un centímetro del pecho. La lancha comenzó a salir pero iba muy lenta, le pedía al Colo que le diera velocidad y me contestó que no respondía, que tenía uno de los dos motores apagados. Saliendo, nos tiraron otro flair. En retirada, seguimos disparando sin cesar. Yo disparé los dos peines del M-3 que llevaba unidos por un tape y otro más que tenía de repuesto. Una bala le dio a la cajuela de balas que llevaba Reynaldo en la calibre 30, desbaratándola y llenando de fragmentos que se pegaron a su pecho. Cuando llegamos a la salida de mar afuera, como la lancha seguía sin desarrollar velocidad, decidimos mantenernos en la cayería y navegar hacia el Este. Habíamos entrado a eso de las ocho de la noche. Esperamos en la cayería escondidos hasta las doce. Sentimos ruido hacia la zona por donde íbamos a salir. Cuando creímos que todo estaba tranquilo, comenzamos a navegar rumbo Norte y llegamos a Cayo Sal al amanecer. Me puse una venda en la herida y Reynaldo se limpió el pecho de los plomitos que tenía incrustados. Revisamos el bote y encontramos que el filtro de la gasolina de un motor había recibido un impacto de bala y estaba roto; esa era la causa por la cual el motor no funcionó. En el tiroteo no nos dimos cuenta de la ausencia de Juan Félaifel. Cuando le pregunté al Colo me contestó que lo vio rodando por la popa hacia el agua. Nosotros pensamos que lo habían matado con alguna bala. Después que llegamos a Cayo Sal, una avioneta de la CIA nos vio y nos indicó por radio que nos venían a recoger. Como a la hora vino un Intermedio. De vuelta en Miami, supimos que la lancha tenía más de 200 impactos de bala. De Félaifel no sabíamos con certeza lo que le sucedió pero todos nosotros coincidíamos en que debía estar muerto.

El agente Félaifel

Unos días después, el C.O. nos llamó para llevarnos a una casa en Cayo Bahía Honda, en la Florida, para que escucháramos un programa radial desde Cuba. Ahí nos enteramos que se estaba transmitiendo un juicio en el que Juan Félaifel aparecía como testigo. En sus declaraciones decía que él era un oficial de la inteligencia cubana que se había infiltrado en las filas nuestras. En el juicio se acusaba al comandante Rolando Cubelas y a otros colaboradores suyos de planear e intentar asesinar a Fidel Castro por medio de un atentado que había planeado junto con Manuel Artime y conmigo en Madrid, España. Decía que allí nos habíamos reunido para complotar el hecho. Todo esto era una gran mentira. Yo nunca estuve con Artime en España y mucho menos me reuní con Cubelas. Todavía hoy en día no he podido conocer personalmente al Sr. Cubelas. En un Congreso de la Juventud del Partido Comunista celebrado en Cuba en el año 1978, fue presentado Félaifel como un agente estrella de la inteligencia castrista y en su relato de cómo logró realizar tremenda hazaña, me acusó a mí de haber colaborado en la conspiración para asesinar al Presidente John F. Kennedy. Otra mentira elaborada por el régimen castrocomunista. Yo nunca he tenido nada que me relacionara ni con el pensamiento a ese hecho. Lo cierto es que nadie en Cuba ha visto ni ha hablado con este flamante oficial de la inteligencia castrista. Creo que ni su familia sabe de él. Este individuo para salvar su vida se ha prestado a actuar en esa forma. Cuando fue capturado lo llevaron a la presencia de familiares del Colo y se cubrió la cara y se puso a llorar. En Miami, unos años después, conversando con Tony Cuesta, éste me informó que estando en la prisión en Cuba, un negro cubano acabado de llegar a la prisión, le contó que él había estado con los milicianos en la zona de Isabela de Sagua y que había participado en un combate con una lancha que se había infiltrado. Le narró que las fuerzas comunistas habían tenido 4 ó 5 muertos y algunos heridos. Si estos muertos y heridos fueron producidos en el combate nuestro, no le auguro ningún buen tiempo al amigo Félaifel, aunque esté o no integrado a la inteligencia de Castro.

Información de Félaifel

La Prensa comunista de la Habana publicó en el mes de Julio de 1978, con motivo de la celebración de un Congreso de Juventudes del Partido Comunista, durante los actos de conmemoración del 26 de Julio de 1978, una presentación de una información expuesta por Juan Felaifel como agente del gobierno cubano, infiltrado en la Unidad Operativa de la CIA en Miami. La declaración del mencionado agente decía lo siguiente:
«FELAIFEL TRES AÑOS INFILTRADO EN LA UNIDAD OPERATIVA DE LA CIA EN MIAMI» 'Era el 22 de Noviembre de 1963. En una casa en las afueras de Miami, cinco hombres de la Agencia Central de Inteligencia de los Estados Unidos revisaban las nuevas áreas de penetración en Cuba, a fin de producir una operación de infiltración en la Isla del Caribe como parte de la actividad contra la Revolución cubana. A petición del agente de mayor jerarquía se hace un alto en la labor, para presenciar la trasmisión por televisión, en vivo y en directo, de la visita del Presidente norteamericano John F.

Kennedy, a Dallas, Texas. De pronto se observa en la pantalla el instante del atentado a Kennedy.

Uno de los hombres que se hallaban mirando aquellas escenas que se sucedían por segundos –el mismo que había demandado suspender la reunión de trabajo para ver la trasmisión– no puede evitar un arranque de euforia ante el acontecimiento, y, expresa: 'Al fin hemos eliminado al rosado de la Casa Blanca'. La frase reveladora había sido expresada por el oficial de la CIA, el norteamericano Bob, uno de los Jefes de la Unidad Operativa de la Agencia Central de Inteligencia en Miami.

Los otros cuatros agentes que estaban presentes en ese instante eran José Enrique Dausá, Rodolfo Porfirio Ramírez Ruíz (conocido por Cheo), Nicolás Salado (Colo) y Juan Félaifel. Muy lejos estaban Bob, Dausá, Cheo y Colo, de suponer en aquel entonces que Juan Félaifel era un oficial de los órganos de la Seguridad del Estado de Cuba, que recibió la misión de penetrar la Unidad Operativa de la CIA en Miami, a fin de mantener al tanto al Gobierno Revolucionario de las actividades de esa organización tenebrosa y criminal contra la revolución cubana. Lo sabrían a principios de 1966, cuando el oficial de la inteligencia regresó a la Habana, con el objetivo de testificar en el proceso abierto a un reducido número de traidores que, reclutados por la CIA, proyectaron asesinar al Comandante en Jefe Fidel Castro.

Los cubanos recordamos con emoción las declaraciones de Félaifel acerca de la misión a el encomendada por los órganos de Seguridad de Cuba, el reclutamiento hecho por la CIA, la cantidad de veces que la Agencia Central de Inteligencia lo envió a Cuba desde Miami para hacer contacto con redes que operaban en la antigua provincia de Las Villas y de la oportunidad en que regresó a tierra cubana, a fin de informar acerca de un complot que se preparaba para atentar contra la vida de Fidel Castro, con la participación de Rolando Cubelas Secades y de otras personas reclutadas por la CIA.

En el año 1963 siguiendo instrucciones de los organismos de la Seguridad cubana y tras un trabajo previo de preparación –llega a Miami con el objetivo de penetrar la Unidad Operativa de la CIA con sede en aquella ciudad, el oficial de la Inteligencia de Cuba Juan Felaifel. Felaifel es un buen prospecto para la CIA. Aunque joven, había 'ayudado' en Cuba a ciertos elementos contrarrevolucionarios y contaba con una patente de corso: su hermano Anis, ex agente del FBI que trabaja para la CIA y muy vinculado a Miró Cardona y Nino Díaz. Ellos tienen puertas abiertas en la Agencia Central de Inteligencia. Llueven sobre Felaifel las proposiciones para trabajar con la contrarevolución activa en el exilio, pero no acepta argumentando que están muy desmoralizados. Al fin hace contacto con Alberto Fernández Casas, hijo del hacendado Fico Fernández Casas, geófago, explotador sin entrañas de campesinos, político sometido y testaferro de monopolios azucareros norteamericanos. Alberto era agente reclutador de la CIA para atender a los cubanos. Poco tiempo después es admitido en la CIA Juan Felaifel quien llego a ser figura principal de un grupo de infiltración de la Agencia Central de Inteligencia norteamericana cuyo objetivo era preparar una red nacional interna en territorio cubano con fines subversivos y de captación de agentes. Felaifel desde que fue reclutado llego a realizar 21 misiones a Cuba, utilizando para ello buque madre, intermedio y lancha rápida con moderna técnica, inicialmente el grupo de Felaifel estuvo compuesto de tres hombres y posteriormente por cuatro. Antes de integrar el grupo de infiltraciones en Cuba, Felaifel tomó un curso de radista en una casa de seguridad de la CIA en Miami y después fue enviado a una base donde recibió un curso intensivo de entrenamiento por nueve meses. Felaifel pudo ganarse la confianza personal del norteamericano Bob, uno de los jefes de la Unidad Operativa de Miami. Llegó a tener confianza en mí –explica Felaifel– Cierto que me obsequió un reloj de los hombres ranas ingleses que él tenía guardado. Me aconsejaba mucho acerca del modo de vida norteamericano. Bob acostumbraba a visitar la Casa de Seguridad en la que trabajaba nuestro grupo de infiltración, generalmente en la víspera de alguna operación y también al regreso de esta. Él nos traía distintos técnicos de la CIA y las fotografías del territorio cubano tomadas por los aviones U-2 espías, a fin de explicarnos el lugar por donde debíamos entrar, que objetivos se debían conseguir, de que manera debía orientarse la red clandesina interna para la búsqueda de información, traslados de equipos, etc. Precisamente en trajines de esa naturaleza nos encontrábamos el 22 de Noviembre de 1963. Si mal no recuerdo, se estaba preparando nuestra segunda o tercera misión de infiltración en Cuba. Fue Bob quien ordeno suspender el trabajo para ver la transmisión por TV de la llegada de Kennedy a Dallas, Texas. Nunca olvidaré su eufórica frase de que 'Al fin henos eliminado al rosado de la Casa Blanca', no solo por lo que encierra de contenido el caso Kennedy, sino porque no era característico en Bob aquella alegría y entusiasmo que expresaba en ese momento. Todo lo contrario, su personalidad era fría, poco expresiva. En aquel instante se levantó y dijo que se retiraba que iba al Centro de la CIA, que suspendiéramos la actividad y que la siguiéramos al otro día, que no saliéramos del área de Miami y que estuviéramos localizados. Tres días después, llegó a nuestra casa de seguridad el agente principal de la CIA José Enrique Dausá y nos mandó a comprar varias botellas de coñac Napoleón Cinco Estrellas, que era la bebida que más le gustaba a Bob, y varios estuches de cerveza. Dausá explicó que Bob vendrá al mediodía, a su llegada, con nuestras de satisfacción, Bob dijo que los hechos (refiriéndose al asesinato de Kennedy) beneficiaban el trabajo específico de la compañía (entiéndase CIA), ya que el sucesor, es decir el vice presidente Johnson, era un hombre que apoyaba la actividad de la Agencia, que era un conocido anticastrista y anticomunista. Entonces se hizo un brindis por las mejores misiones futuras y por ganar mucho mas dinero. Explicó Bob que las misiones contra Cuba se incrementarían aún más. Puede decirse que el asesinato de Kennedy fue recibido con alegría por los oficiales de la CIA norteamericanos con quienes tuve oportunidad de hablar en esos días. El jefe de los entrenadores telegrafistas, el oficial Bill, en las semanas posteriores a la muerte de Kennedy me dijo con estilo campechano que aumentaría el reclutamiento de telegrafistas y su entrenamiento, pues –textualmente– no hay límite de gastos ni control en las actividades. En cuanto a los que estábamos presentes el día que Bob se refirió de aquella significativa manera al asesinato de Kennedy, ya indiqué sus nombres: José Enrique Dausá, nacido en la Habana, y graduado de Derecho en Universidad de la capital cubana a fines de la década del 40, un furibundo anticomunista que marchó al exilio al principio de la revolución, había sido reclutado también para la CIA por Alberto Fernández Casas. Nicolás Salado (Colo), miembro del grupo de infiltración, era quien manejaba la lancha rápida con la cual desembarcábamos en tierra cubana durante las distintas misiones. Este sujeto fue quien, manejando una lancha artillada junto con otros elementos, cumpliendo ordenes de la CIA ametralló y atacó con bazookas al barco soviético Bakú anclado en la bahía de

Cárdenas. Él siempre se vanagloriaba de esa acción. Oriundo de Isabela de Sagua chantajeó y obligó a parte de su familia a colaborar con nuestro team de infiltración. Rodolfo Porfirio Ramírez Ruiz es natural de Las Villas. Activo contrarevolucionario tomó el camino del exilio. En Miami fue reclutado por la CIA. Debido a sus contactos en la parte Norte de Las Villas, la Unidad Operativa de la CIA en Miami consideró útil colocarlo al frente de nuestro team, a pesar de sus limitaciones culturales. Nuestra Casa de Seguridad se hallaba en las afueras de Miami. En ese lugar permanecíamos unas 7 horas diarias. Allí realizábamos entrenamientos y estudios en responsabilidades correspondientes a cada uno. Yo por ejemplo hacia trasmisiones de entrenamiento, Cheo se entrenaba en orientación terrestre. Colo en orientación marítima. Además teníamos reuniones para analizar el plan de infiltración más próximo, así como la operación de exfiltración. En esas reuniones como dije antes tomaban parte Bob y oficiales especialistas.

Entre otras cosas, durante los tres años en que Felaifel estuvo infiltrado en la CIA pudo comprobar la acción dirigida por esa Agencia Central de Inteligencia norteamericana a fomentar en un momento determinado posibles levantamientos en zonas rurales del país principalmente en la antigua provincia de Las Villas. Los Agentes Principales de la CIA e incluso los oficiales de casos, dirigían la actividad de reclutamiento hacia personas que habían residido en áreas específicas de interés para la CIA y que tuvieran amigos o familiares en dichos territorios. Énfasis especial se hacía en personas (exiliados provenientes de regiones rurales con condiciones para la actividad de las bandas contrarevolucionarias, en particular la zona montañosa de Las Villas). Muchas veces la Unidad Operativa de la CIA de Miami envió grupos especiales de infiltración con la misión de establecer focos de bandidismo en determinados territorios de Cuba. A partir del noveno viaje de infiltración a Cuba, la CIA incorporó al grupo de Felaifel al agente Reynaldo Reyes mas conocido por Rey, quién tenía la misión de establecer una red fija en tierra cubana y fungir como telegrafista principal, para zonas rurales de Las Villas. Al enemigo, a la CIA, no le importan los medios, lo importante es el objetivo. Muchas veces oí decir a oficiales norteamericanos de la CIA que si para cumplir un objetivo era necesario matar personas inocentes eso debía de hacerse con toda tranquilidad. En realidad hay una ausencia total de principios éticos en la inteligencia norteamericana; de ahí que, entre otras cosas estimularan la creación, organización y desarrollo de bandas contrarevolucionarias en Cuba que sembraban el terror, el crimen y fechorías de todo tipo. Esta línea subversiva y criminal del imperialismo persiste como método para enfrentar procesos revolucionarios en otros países, como es el caso mas reciente de Angola donde bandas contrarevolucionarias como la FNLA y la UNITA, que realizan todo tipo de atropellos y brutales fechorías, reciben apoyo directo de la CIA, la OTAN y Sudáfrica, señala finalmente Felaifel».

Operación de infiltración Ildefonso

Otra operación en la que actué y que tuvo situaciones especiales fue una que realizamos casi al final de la Operación Mongoose. En ese tiempo yo trabajaba con un nuevo C.O., cuyo nombre de trabajo era Michel. De ese señor se decía que había sido comandante de los Boinas Verdes en Vietnam. Era de origen irlandés, muy religioso pero muy caprichoso y por ende, majadero. Tuve algunos malentendidos con él pero en definitiva nos acoplamos. La diversidad de opiniones se nos presentaron en los *briefings* que se hacían antes de las operaciones. Esos *briefings* se hacían por lo general la misma noche en que el team iba a salir a actuar. Para ese *briefing* nos reuníamos el team, el C.O. y el Jefe de Operaciones en Miami. En ese momento nos traían una información al día de todo lo que estaba sucediendo en el área en que se iba a operar. Fotografías aéreas mostrando lo que se había estado produciendo en la zona de infiltración el mismo día que íbamos a salir, inteligencia actualizada sobre fuerzas militares y movimientos producidos. Toda esta información se analizaba, se detallaban los objetivos a cubrir, se repasaban los *covers* (cubiertas) que se iban a usar. En este aspecto era donde casi siempre Michel y yo no coincidíamos. La operación que íbamos a realizar tenía aspectos nuevos y hubo que revisar muchos puntos. Michel tenía un team que no había funcionado hasta ese momento. Usamos a dos hombres de ese team y a un guía de tierra, un guajiro de nombre Idelfonso, que tenía conocimiento del terreno y contactos dentro del área. De Capitán iba el Niño y de radio operador uno de los hombres del team de Michel. La lancha iba a ser manejada por Colo. Reynaldo iba de artillero. El otro miembro del team de Michel tenía que manejar una balsa para dejar a los tres hombres que se iban a infiltrar en tierra firme. Salimos en el Intermedio y toda la operación iba marchando de acuerdo con lo planeado. Cuando el hombre de la balsa dejó al team, tenía que regresar a la lancha donde el Colo lo esperaba. Debido a su inexperiencia y nerviosismo no pudo encontrar la lancha. El Colo lo esperó por largo rato y cuando empezó a amanecer tuvo que salir y regresar al Intermedio sin el hombre de la balsa. De regreso a Miami, comenzaron las reuniones para darle el frente a la situación planteada. El primer paso fue hacer contacto con el team para que no avanzara y se quedara escondido en algún lugar seguro. Se concluyó que el hombre de la balsa pudiera haber sido capturado, por lo que el team peligraba también. Inmediatamente se planeó y ordenó una operación de rescate. Colo, Reynaldo y yo salimos de nuevo en el Intermedio. Navegamos hacia un punto que se encontraba a unas millas al Norte de la isla de Cuba, donde nos esperaba un barco Madre, creo que era el Leda. Allí estaba Lynch, C.O. de los comandos y un team de comandos con Carlos Pascual al frente. Ahí se preparó la operación para el rescate. Hubo una información que nos dejó preocupados. En un mensaje por radio del team a la Base habían indicado que iban a usar 4 luces con el papel infrarrojo. En el balance del equipo que se hizo antes de la salida del team, sólo aparecían 3 linternas. Esta señal podía indicar o dar a entender que estaban capturados. Pero en el viaje del Intermedio hacia la zona de operación yo me acordé, revisando todos los detalles, que los radio operadores usualmente llevaban una linterna chiquita para trabajar en la oscuridad con una luz tenue. Le pedí a Soto, que era el Capitán del Intermedio, que le mandara un mensaje a la Base para chequear esa linterna. Efectivamente, al poco rato nos contestaron que el radio operador llevaba en su equipo esa linternita: esa era la cuarta luz. Le transmití la noticia a Carlos Pascual para que supiera sobre la posibilidad de que todo podía estar correcto. Cercano a la costa de los cayos, los comandos, creo eran cuatro o cinco, se fueron en la lancha con el Colo y Reynaldo. Navegaron a través de la cayería llegando al punto de contacto. Los comandos bajaron de la lancha armados hasta los dientes y previas las señas convenidas, encontraron y sacaron al team hacia la lancha y después al Intermedio. De vuelta a Miami recibimos otra sorpresa. En la casa de seguridad nos estaba esperando el hombre que se había perdido con la balsa. Nos contó que después que dejó al team, de regreso a la lancha se confundió de rumbo. Era su primera operación. Estuvo perdido dando vueltas en el área por varios días. Al fin pudo salir de la cayería y navegar mar afuera. Cuando agotado se tendió en la balsa, vio venir una avioneta que le hacía señales. La avioneta era de la CIA y lo detectó, según nos informaron, al captar el BAR que llevaba en un detector que portaban. Al poco rato un helicóptero vino a su encuentro y lo sacaron. Esta operación que no se pudo realizar sin embargo, por las circunstancias que se presentaron, resultó una gran experiencia para nosotros.

Durante los primeros meses de 1967, participé como P.A. en operaciones llevando a distintos teams a sus puntos de infiltración. Estas operaciones se hicieron en la costa norte y sur de la isla. Era como una despedida de Mongoose. En el mes de Mayo de 1967 me notificaron la terminación de las operaciones a Cuba. Una proposición me hicieron para trabajar en algo relacionado con Cuba pero en un país extranjero. Al terminar esta operación y suspender toda actividad hacia la isla, me sentí decepcionado y una vez más abandonado por los amigos que nos habían dado su apoyo hasta ese momento.

Grupo de hombres ranas (Frogmen) de la Operación Mongoose con sus equipos.
De izquierda a derecha: Humberto Castillo, Félix Rioseco, Gustavo Calvet, Lucas Echevarría,
Fernando Mirabal, Enrique Torres, Alejandro Alonso y Jesús Otero

Otro grupo del *team* de hombres ranas. Primera fila de izquierda a derecha: Marty Martínez, Enrique Torres, no identificado, Félix Rioseco, Alberto Beriguistaín, Jr. (Jefe de los hombres ranas); José González y Alberto Beguiristaín, Sr.
En la segunda fila: Alejandro Alonso, Lucas Echevarría, Héctor Llado, Marcelo Canteras, Alexis Rodríguez, Ricardo Cora, Fernando Mirabal, Humberto Castillo y Walfrido Hernández

Grupo de combatientes de Comandos Mambises que participaron en la Operación Mongoose:
Primera fila de izquierda a derecha: Miguel Perales, Roque Villabriga, Waldo Rodríguez,
Arístides Collazo, Dennis Abreu, Ezequiel Hernández (Colorao), José García Fragedela (Fredy).
Segunda fila de izquierda a derecha: Jesús Pérez (Guajiro), Armando Mendoza, Jorge de la Osa,
Carlos Pascual, Emiliano Infante, Gonzalo Lista, Luis de Cárdenas y Rogelio Reyes.

Otro grupo de Comandos Mambises:
Primera fila de izquierda a derecha: José R. Castro, Manuel García (Bichinchi), Juan Lima Sotelo
(el niño), José Manuel Montero (el guajiro), Manuel Guerra, Ramón Fernández, Guadalupe Lima
Segunda fila de izquierda a derecha: Luis González (Culiche), Juan Sajeda, José M. Carbot,
Aníbal García, Ernesto González, Reinaldo Banco, José A. Ortiz, Ignacio Azpeitia.

Otro grupo de Comandos Mambises:
Primera fila de izquierda a derecha: Jesús Pérez, Juan López, Dennis Abreu, Ezequiel Hernández.
Segunda fila: José M. Carbot, Guadalupe Lima, Miguelito Perales, Rogelio Reyes,
Roque Vallabrigas, José M. Castro (Gallego Manengue), Juan Lino Sotelo (niño)
Tercera fila, parados de izquierda a derecha: Luis González, Ernesto González, Luis de Cárdenas,
José García Gragedela (2º jefe), Manuel Villafaña (jefe), José Manuel Montero,
Waldo I. Rodríguez, Mario Ferrer (Mayito).

Otro grupo de los Comandos Mambises: Primera fila de izquierda a derecha: Gonzalo Lista, Miguel Perales, Rogelio Reyes, Arístides Collazo, Dennis Abreu y José M. Carbot. Segunda fila: Roque Vallabirgs, Jesús Pérez (Guajiro), Frank Blanco, Jorge de la Oza, Ezequiel Hernández, Armando Mendoza, Waldo Rodríguez, Emiliano Infante, Carlos Pascual, Luis de Cárdenas.

Otros miembros de Comandos Mambises que no aparecen en las fotos:

José Álvarez
Jorge (Yoyo) de Armas
Tomás Bayona (cocinero)
Jesús Cantero Sánchez (muerto en combate).
Alfredo (Tobita) Cordero
Jorge Domínguez
José Dorrego
Alberto Ferrer
Roberto Fuentes (Bobi)
Luis Granda Cué
Roberto Junco
Juán López
José Martell
Eugenio Martín Pérez

Gonzalo Meléndez (Chalín)
Fulgencio Milián
Joaquín Miranda
Rolando Novoa (cocinero)
Juan P. Oliva (el mulo)
Carlos Palacios
Evelio Pérez
Carlos Remos
Jesús Rodríguez
Ismael Rojas
Juan Saavedra
Ernesto Santana
Víctor M. Vázquez

V

BOLIVIA

En el mes de mayo de 1967, en la casa de seguridad que usábamos para nuestras operaciones, un agente de la CIA se entrevistó conmigo, invitándome a trabajar para ellos en un país de América Latina. Le hice saber que sólo estaba interesado en trabajar para algo directo relacionado con Cuba. Me indicó que el lugar que me habían escogido estaba relacionado con Cuba. Me explicó que el país era Bolivia. Allí existía una guerrilla infiltrada, combatiendo a las órdenes del Che Guevara, compuesta entre otros por guerrilleros cubanos llevados por el Che. Yo tenía la impresión de que a Guevara lo habían matado en la revuelta comunista en Santo Domingo. Me presentó pruebas que me convencieron y decidí aceptar. Sin saberlo acababa de convertirme en un agente espía de los Estados Unidos en Bolivia.

Varios meses se necesitaron para cubrir el entrenamiento requerido para este trabajo. El primer paso fue un viaje a Washington. Allí me alojé en un hotel donde me hicieron una reservación y conocí al que fue mi Case Officer (C.O.) en esta operación. Rodgers era su apellido. No se si era su nombre verdadero o uno que usaba para su comunicación conmigo. Ahí estuve alojado unos días, comenzando a recibir algunas instrucciones sobre mis obligaciones y a revisar documentos, entre ellos, un contrato donde me comprometía a trabajar por un término de dos años en Bolivia. Una vez que me dieron el visto bueno para operar, me mandaron para Nueva York. El sueldo fue de $700.00 al mes y gastos. Me hospedé en un hotel, creo que los dueños eran de

131

Puerto Rico, en la calle 57 cerca de la Quinta Avenida y de la parte Sur del Parque Central. Allí hizo contacto conmigo otro C.O. que me haría el entrenamiento necesario para mi trabajo.

El entrenamiento duró casi dos meses. Todos los días de Lunes a Viernes, desde las 9:00 A.M., empezaban las sesiones en un apartamento cercano destinado a esa labor. Las sesiones iniciales estaban dedicadas a largas lecturas sobre el arte de espiar, conjuntamente con sesiones de películas donde podía aprender de manera gráfica las artes de esa profesión. Así que entre libros, manuales y películas consumimos un buen tiempo. A las cinco de la tarde terminábamos las lecciones. También realicé ejercicios en los que me señalaban operaciones para conseguir puntos y lugares de reunión con agentes, comunicación a través de «*dead drops*», establecer vigilancia y evadirla, estudio de mapas, realizar interrogatorios y otras funciones que se efectúan en ese campo. La ciudad de Nueva York se abrió para mí. Entre los mapas y los lugares donde se me mandaba para preparar una operación ficticia, llegué a conocer bastante de esa ciudad.

Cuando terminé ese entrenamiento básico, regresé a Washington. Me alojaron en el Hotel Mayflower y allí me presentaron a un señor que residía en Miami, Charles McKay, que presidía una firma exportadora de productos para vender en América Latina. Su oficina principal estaba localizada en Miami. La compañía giraba con el nombre de «The Nalad». Desde ese momento pasé a ser un vendedor y agente representativo de su firma en Bolivia. Un entrenamiento de vendedor y familiarizarme con los productos que representaba, me fue dado por su socio, Henry Norton. Ambos señores hablaban un español fluente. Después de unos días, el Sr. Norton me presentó a otro señor cuyo nombre no recuerdo, que era Jefe de Ventas de una firma radicada creo en Winter Park, Orlando. Esta firma manufacturaba un producto que llamaban Na-Churs, un fertilizante líquido. Con este señor recorrí gran parte de las fincas de la Florida. Estuve en lugares donde se cultivaba caña, flores, vegetales, hierba para ganado y otras. Él me presentó como un vendedor de su firma y me dejaba que yo hiciera la gestión de venta. Cuando terminé este entrenamiento y se consideró que estaba preparado para comenzar, empezamos a trabajar en la tramitación de los documentos que necesitaba para operar legalmente en Bolivia. The Nalad me extendió un documento como Agente Representativo de Ventas en Bolivia. Un permiso de re-entrada a los Estados Unidos que fue autorizado por el Cónsul de Bolivia en Miami. Antes de partir, me notificaron que iría primero a Lima, Perú. Allí estaría unos días practicando mis conocimientos de vendedor con un señor peruano que me presentaron en las oficinas de

The Nalad y que me esperaría y alojaría cuando yo arribara. Fui a un hotel y este señor me indicó que estaban esperando noticias sobre una guerrilla comunista que estaba operando en Perú y que tal vez yo pudiera ayudar si se necesitaba mi cooperación. Mientras se esperaban estas noticias, estuvimos practicando mis habilidades como vendedor de los productos de The Nalad.

Santa Cruz

Llegué a La Paz, Bolivia, el 7 de octubre de 1967. Un americano agente de la CIA me recibió en el aeropuerto. Hablaba el español perfectamente y fue el primer Case Officer con quien trabajé en ese país. El aeropuerto El Alto en La Paz, como su nombre lo indica, creo que es el más alto en el mundo. Por lo general, el problema de la altura suele afectar a muchos visitantes. Yo no fui la excepción. Apenas bajé del avión empezó a faltarme el aire, notando que me salía un poco de sangre por la nariz y comencé a sentir fuertes retortijones en el estómago. El C.O. me llevó para un hotel situado en la principal calle de Mariscal Santa Cruz. Las instrucciones que me transmitió eran precisas. No desempacar porque el próximo día temprano, me recogería para que siguiera viaje a Santa Cruz. Temprano en la mañana me buscó en el hotel y me llevó de nuevo al aeropuerto El Alto. En un avión boliviano me transporté a la ciudad de Santa Cruz. Allí me esperaba otro agente que me recibió en el aeropuerto, que consistía en una casucha bastante rudimentaria. El agente me trasladó en un jeep que manejaba, por caminos de tierra, hasta un lugar que tenía calles asfaltadas donde había un parque y frente al mismo un hotel viejo de dos pisos. Esa calle asfaltada alrededor del parque y con frente al hotel, me dijeron era la única calle asfaltada que existía en Santa Cruz en esa época. Tengo entendido que esa ciudad hoy en día, es una bella ciudad, con calles asfaltadas, hoteles buenos, grandes edificios y con una economía y prosperidad impresionante. El agente me comunicó que tratara de descansar porque al día siguiente íbamos a seguir viaje a Camiri. Durante el viaje, él me daría instrucciones sobre el trabajo que se me iba a encomendar.

Cuando me quedé solo en mi habitación del piso en altos, me asomé al balcón y presencié una de esas cosas que parecen salidas de anécdotas insólitas. Un hombre sentado en un banco del parque, que me quedaba frente al balcón, tuvo la visita de un mono bastante raro, que se bajó de un árbol al lado del banco. El mono, de unas patas largas, brazos largos y una cola también larga, comenzó a rascarle el cuello y la espalda al ciudadano. Y este, agradecido, aceptaba el cuidado que el mono le brindaba. Intrigado por esa visión, bajé al comedor del hotel y le conté a un camarero lo que había visto. Me dijo que esos monos eran dóciles y la gente del pueblo estaba acostumbrada a esa rara atención que estos monos solían realizar. Me acosté temprano pues me sentía cansado y pronto me quedé dormido.

Estaba profundamente dormido cuando sentí golpes fuertes en mi puerta. Abrí la misma y el agente que me había recibido, muy agitado me explicó que venía a recogerme pues tenía que salir de la ciudad inmediatamente. Me explicó que ese día, 8 de Octubre de 1967, en un combate librado por fuerzas bolivianas y la guerrilla, habían matado al Che Guevara. Que la zona estaba llena de periodistas extranjeros y que él había recibido instrucciones de sacarme del área esa misma noche para que nadie me detectara. Me indicó que había un avión esperando en el aeropuerto. Eran como las cuatro de la madrugada. Agarré mis maletas y medio dormido salí con el hombre para el aeropuerto. En el camino me dio instrucciones. En el aeropuerto me iba a encontrar con un grupo de hombres que también iban de pasajeros en el vuelo. No podía acercarme ni hablar con ellos. Me sentaría en la parte de la cola del avión y cuando llegara a La Paz, el C.O. me esperaría en el aeropuerto. En la caseta que funcionaba como aeropuerto, me encontré con un grupo de unos 25 a 30 hombres. Vestían camisa y pantalones deportivos, algunos de ellos con sombreros bolivianos y, desde luego, todos hablaban en inglés. El avión salió todavía oscuro y durante el vuelo yo me mantuve separado del grupo, que se divertía y tomaban sus tragos durante el viaje. El avión aterrizó en Cochabamba. Un camión grande cubierto por los lados se acercó al avión. El grupo completo salió del avión directamente para el camión, cubrieron con una lona la parte posterior y se marcharon. El avión despegó de nuevo y voló hasta La Paz conmigo como su único pasajero. En El Alto me esperaba el C.O.

De nuevo en La Paz

El Case Officer me recogió en el aeropuerto y en camino a la ciudad de La Paz me explicó que me llevaría para el hotel, donde me dijo debería permanecer tranquilo y lo menos visible posible por unos días. Me repitió el suceso de la muerte del Che Guevara, que me abstuviera de tener contacto con periodista alguno, porque no querían que me detectaran como un cubano en la ciudad. Que empleara los próximos días en adaptarme a la altura. Me aconsejó caminar diariamente una o dos cuadras, aumentando la distancia diariamente hasta que me adaptara. Este fue un buen consejo pues en unos días caminaba fácilmente varias cuadras. Esos días pasaron notando el movimiento de una gran cantidad de periodistas y extranjeros en busca de noticias. Leer periódicos y revistas, oir noticias por la radio, fueron mi única ocupación por una semana o diez días. Pasada la vorágine de la sensación que había producido la noticia del Che y la extinción de la guerrilla comunista que había lidereado, recibí instrucciones para que empezara a organizar mi trabajo. La desaparición del principal elemento que fue el motivo que me llevó a Bolivia, me dejó como si hubiera caído en un gran vacío. Para mí no tenía sentido alguno mi misión en ese lugar. Pero había firmado un contrato por dos años y no podía retractarme de lo convenido. Nadie tenía la culpa de lo que pasó. De todas maneras, aunque yo no había participado directamente en el suceso, era un triunfo que Cuba se hubiera liberado de un sujeto que tanto daño y sangre había regado en mi país.

Por instrucciones recibidas, comencé a buscar alojamiento y un local para instalar una oficina. La oficina de The Nalad fue o estuvo ubicada en un edificio situado en la Avenida Mariscal Santa Cruz # 1322, en el primer piso, local # 5. El teléfono era el número 11730, y una casilla de correo con el número 3197. El edificio era de un señor que era Abogado y miembro del Gabinete de Gobierno del General Barrientos, Presidente de Bolivia. El apellido del propietario era Céspedes. Este caballero, sin saberlo, se convirtió en un informante pasivo. Para solidificar mi cubierta, fui auxiliado involuntariamente por una familia de apellido Alipaz, que me ayudó a introducir en la esfera de negocios y social de La Paz. Un agente de la CIA en Miami, de origen boliviano y con lazos familiares con los Alipaz, me proporcionó una carta de presentación. La familia Alipaz estaba compuesta por personas de una clase media alta de profesionales muy distinguida y apreciada en la sociedad boliviana. Por mediación de ellos llegué a hacer conexiones que consolidaron mi cubierta.

A pocos días de mi llegada, gracias a esa familia, era recibido en las oficinas del Ministro de Agricultura, por el propio Ministro. Al Ministro le presenté nuestro producto de fertilizante líquido explicándole las bondades y beneficios de este. Ese tipo de fertilizante líquido no se conocía en Bolivia. Esta cualidad me sirvió para introducirme más rápido en el mercado. Aunque el Ministro no me compró nada, el conocimiento de una mercancía nueva, desconocida en el país, práctica para su uso y efectiva para el cultivo, llegó a oídos de personas interesadas. Así conocí a un señor de apellido Méndez, que era dueño de una estación de radio, un periódico y, entre otras cosas, de un almacén que vendía productos agrícolas a los campesinos bolivianos. Le regalé una muestra del fertilizante líquido. Lo usó regándolo en unas plantas que tenía en su jardín. Las flores y sobre todo las rosas crecieron y se tornaron hermosas. La orden de compra que hizo de inmediato fue fabulosa. Compró una cantidad importante de bidones de Na-Churs. Cuando llegó la mercancía se le hizo una propaganda por la prensa y la radio de su propiedad. El fertilizante líquido fue envasado en botellas plásticas, que vendía al menudeo a los campesinos del país.

A través de la propia familia Alipaz, conseguí relacionarme en los círculos sociales. Me consiguieron una tarjeta de invitado para el Tennis Club, donde circulaba la sociedad exclusiva de Bolivia. Me presentaron a gran cantidad de hombres de negocio, periodistas, profesionales, políticos, en fin, en poco tiempo yo era un tipo conocido en los círculos sociales del país. Fui invitado a reuniones, fiestas y distintos actos sociales. Con todos aquellos con quien socialicé, conversaba sobre temas que pudieran interesar en mi trabajo. Después rendía un informe al C.O. En los primeros días, después de mi llegada, conseguí alquilar una habitación en una casa de huéspedes que me fue recomendada por mi contacto. Allí, por una módica cantidad, tenía además de una magnífica habitación, desayuno, almuerzo y cena. Todo estaba muy limpio y bien atendido. Desde luego, carecía de la privacidad requerida. A los pocos meses me mudé para un apartamento de un dormitorio pero cómodo y moderno. Era un edificio recién construido. La habilitación del apartamento corrió por parte de mis empleadores. Además me compraron un carro VW, de uso pero en muy buenas condiciones. En ese carro manejé por el altiplano de La Paz y varias ciudades. El altiplano cubría una gran cantidad de millas y era una zona esencialmente campesina dedicada en muchas áreas al cultivo de la papa. Allí estuve en granjas agrícolas y pueblos del altiplano donde conocí a varios de los caciques de algunas poblaciones aymaras. También visité el lago Titikaka. Una maravilla. Considerado el lago más alto del mundo. Un espectáculo impresionante.

Al mismo tiempo que consolidaba mi cubierta, comencé a funcionar en mi labor de inteligencia. El caso del Che Guevara había dejado muchas interrogantes en el país. Un tiempo después de la derrota de la guerrilla guevarista, el actuante Ministro de Gobernación, de apellido Arguedas o Alguedas, sonó tremendo escándalo en el país. El mencionado funcionario se robó un Diario del Che, que le fue ocupado cuando fue capturado muerto. El Diario se lo vendió a Fidel Castro por una cantidad desconocida. La cantidad parece haber sido importante porque el tal Arguedas apareció con su familia en Suiza, satisfecho y feliz practicando el deporte de los esquíes en la nieve suiza. En la fuga, dejó consternado a un agente cubano que trabajaba para la CIA y que compartía la custodia del famoso Diario del Che con el rampante Ministro. La realidad era que existía una duda grande en el país sobre la inclinación de los ciudadanos en contra o a favor del comunismo. Bolivia era un país que había tenido muchos levantamientos llamados revolucionarios y los cambios de gobiernos representaban un récord sino mundial, sí del continente americano. El primero y más constante trabajo que me fue encomendado, era manejar un grupo de informantes que, bajo sueldo, trabajaban para la CIA. Desde luego, todos eran bolivianos. Este grupo de agentes lo componían personas ubicadas en distintas fases sociales: congresistas, ministros, oficiales del ejército, líderes sindicales, líderes estudiantiles, hombres de empresas, miembros de la prensa. Cuando se activaba el contacto, el agente boliviano acudía a una oficina que la CIA me proporcionaba en distintos edificios y allí se realizaba la reunión. Ellos me entregaban informes por escrito o verbales. Yo les hacía preguntas sobre su informe y algunas recibidas de mi C.O. Les pagaba su sueldo y rendía un informe de la entrevista realizada. De la oficina o el local que se utilizaba para la reunión se me entregaba una llave y yo esperaba al agente. Los informes consistían generalmente en datos sobre actividades de personas, datos de personas, hechos, actividades que se producían en los sectores donde se desenvolvían. Estos informes mantenían al día a la inteligencia americana en todo lo que estaba desarrollándose en distintos sectores del país. A base de dinero, los servicios de los Estados Unidos reciben información que los mantienen actualizados de todo lo que está pasando en todo el continente latinoamericano. Como es de suponer, esta actividad para una persona que había pertenecido y había estado operando en algo diferente, resultaba bastante floja y monótona.

Relato sobre la captura del Che Guevara

En el mes de Enero o Febrero de 1968, recibí una invitación de la Embajada Americana en Bolivia. La invitación era para asistir a un coctel de despedida que se le brindaría a un grupo de militares de los Estados Unidos. Esta invitación se hizo, creo, a todos los americanos que residían en el país. Como representante de una compañía americana también me invitaron. Al llegar a la Embajada me trasladé al salón donde se efectuaba el acto. Allí me encontré que los homenajeados eran un grupo de unos veinte oficiales y clases del ejército americano. Todos vestían de completo uniforme portando en sus pechos gran cantidad de medallas y emblemas. Socializando con ese grupo, conocí a un Sargento Mayor de raíces mexicanas, de apellido García, que hablaba español con alguna dificultad. Nos tomamos unos tragos y entramos en amigable comunicación. Le hice saber que vivía solo en Bolivia y me propuso irnos a otro lugar menos sofisticado para disfrutar de nuestros tragos. Tomamos mi automóvil y me pidió lo llevara a un local donde estaba localizada una estación de policía. Allí entramos y me condujo a un lugar en la parte posterior del edificio. Era un salón grande en el que se encontraba una cantidad de camas de campaña y unos escaparates individuales. Se quitó el uniforme y se vistió con ropa de civil que tenía en el escaparate. Me invitó a un cabaret, que se decía era un burdel. Había música, show, bebidas y mujeres. Nos acomodamos en el lugar y ordenamos bebida. Yo me había identificado como un cubano americano de Miami. Parece que para interesarme en su conversación, empezó a hablarme de la operación contra la guerrilla del Che. Me dijo que él había estado en el combate donde capturaron a Guevara. Cuando terminó el intercambio de disparos se acercaron a los heridos. Uno de ellos era el Che Guevara. Tenía un disparo en el pecho que dice parecía fatal. Quería hablar y decir algo pero no se le entendía bien lo que expresaba. Que cuando lo llevaron a Valle Grande, ya estaba muerto.

Parte de mi trabajo consistía en tratar de reclutar nuevos agentes o informantes. Una conversación con un sujeto, posible reclutado, llevaba a averiguar sus ideas políticas, sus inclinaciones para poder convertirse en un agente. Aunque yo no podía realizar el reclutamiento definitivo, toda la etapa preparatoria era manejada por mí. Cuando arribábamos a un punto casi definitivo, bastante seguros de que la persona colaboraría, le hacía saber al sujeto que conocía a alguien que trabajaba en la embajada americana que tal vez estaría interesado en conversar con él si lo aceptaba. Aceptada esta sugerencia, preparaba una reunión a la cual el C.O. asistía. Le presentaba al caballero y después de unos minutos, me excusaba y los dejaba solos. El sistema funcionó en un cien por ciento. Como resultado del mismo pudieron reclutar a un editorialista de un periódico principal del país, hombres de negocios, dos profesionales, un profesor de la Universidad de La Paz y un líder sindical.

Toda esta actividad, provechosa para la causa anticomunista y la protección de los Estados Unidos, no satisfacían el verdadero objetivo que me había conducido a esa gestión. Yo prefería algo que tuviera la causa de Cuba como objetivo. Después de la muerte de Guevara, para mí esta misión carecía de importancia. Cuando se acercó la fecha del vencimiento de mi contrato, dos años, le hice saber al C.O. que no pretendía seguir en ese trabajo y que quería regresar a Miami. Trataron de convencerme para que me quedara y eso me llevó a una situación de confrontación con el Jefe de Operaciones en Bolivia. Como no me convencieron, en el mes de Mayo de 1969 regresé a Miami. De Miami viajé a Washington, donde pasé unos días para resumir y dar un informe de todas mis gestiones y trabajos. Terminado este requisito, terminó también mi labor y relación con esa organización.

Nixon era el nuevo Presidente desde 1968 y los cubanos esperaban una actuación decisiva en el problema de Cuba. Así me lo hicieron saber un grupo de amigos identificados en nuestros objetivos y con los cuales había mantenido correspondencia desde Bolivia. Todo resultó en un engaño más. Nixon, al igual que presidentes anteriores y posteriores, nunca más brindaron soporte y ayuda necesarios para combatir y derrotar al castrocomunismo en Cuba.

FERTILIZANTE LIQUIDO PARA LAS COMUNIDADES RURALES

La firma comercial "The Nalad Corporation", de los Estados Unidos, especializada en la importación de productos agrícolas diversos, entregó ayer a la Dirección Nacional de Desarrollo de la Comunidad, cuatro turriles pequeños de fertilizante líquido para pruebas experimentales en poblaciones rurales del altiplano que el año pasado sembraron papa de la variedad "sani-imilla".

El producto se llama NA-CHRUS y está fabricado por la casa matriz de la referida empresa, establecida en Winter-Garden, Florida, EE.UU.

"The Nalad Corporation" tiene sus oficinas en La Paz en un edificio de la avenida Mariscal Santa Cruz, No. 1322, primer piso, oficina 5. En la fotografía (con lentes), el representante en Bolivia señor José E. Dausa.

Foto de un periódico de La Paz, Bolivia, que informaba de las actividades comerciales de José Enrique Dausá.

VI

COMANDOS L

En el año 1990, en las oficinas donde tenía su consulta de médico, el Dr. Martiniano (Nano) Orta, me encontré con Antonio (Tony) Cuesta. Desde su regreso de la prisión en Cuba, no había visto ni hablado con Tony. Me contó del trabajo que estaba haciendo tratando de organizar operaciones para combatir al régimen castrista. Él tenía un grupo con el que había realizado e intentado algunas acciones. Los recursos con que contaban eran escasos pero el tesón y la voluntad que ponía en sus empeños eran inagotables. Quería que por medio de esas acciones, se encendiera la llama en el exilio para que lo ayudaran a combatir y luchar de nuevo por la libertad de Cuba. Era un hombre extraordinario. Ciego, y sin la mano y parte del antebrazo perdido, producto de una acción de infiltración en la isla, que le costó varios años de prisión, dirigía todas las operaciones que planeaba en sus Comandos L. Me ofreció que me uniera a su organización, y lo hizo con una firmeza y un afán patriótico que me convenció y pasé a formar parte de ese grupo. Sus ideas coincidían con las mías, ya que ambos pensábamos que para derrocar al régimen había que producir eventos bélicos. También estábamos identificados en que esa lucha tenía que ser esencialmente para beneficio del pueblo cubano y no para obtener beneficios personales. Democracia y la Constitución de 1940, formaban parte de nuestro criterio. De momento, el objetivo inicial era llevar la guerra a Cuba.

Tony tenía la experiencia de la lucha contra Batista. Además había comenzado su lucha contra el castrocomunismo muy temprano. Al principio colaboró con la Revolución pero cuando reconoció el semblante comunista de la misma, comenzó a combatirla. Antes de Girón había realizado más de 12 operaciones de infiltración, llevando hombres a Cuba, utilizando el barco «El Tejana», en colaboración con Alberto Fernández, Ramón Font y otros. Usaron como punto de entrada el Palmarejo, Matanzas. Después de Girón, Tony Cuesta organizó y participó en acciones en las cuales se atacaron algunos barcos que traficaban dentro de Cuba. El New Lane; el Baku, un barco ruso; el Aquarium; el Central Punta Alegre; la del Monte Barreto, donde recibió las heridas que lo dejó ciego y con la pérdida de la mano y parte del antebrazo izquierdo.

Operación Monte Barreto

Tony Cuesta narró la operación del Monte Barreto a un periodista nombrado Luís Báez en una entrevista que le hizo en La Habana antes de partir de Cuba para Miami, después de haber sido puesto en libertad. Esa entrevista se hizo, creo que en 1978 y fue publicada en el periódico de Cuba comunista «Juventud Rebelde» el 26 de Diciembre de 1993. La narración dice:

«El Jefe de la pieza de artillería observa que algo se mueve en el mar. Ordena lanzar una bengala. Se coloca los prismáticos. Ve una lancha anclada y a dos individuos que en una balsa se dirigen hacia la costa.

Todo esto ocurre a la altura de la calle 78, en Miramar, en el lugar conocido como Monte Barreto –hoy Hotel Tritón– a poca distancia de la Quinta Avenida. Hora: 11:15 de la noche. Fecha: 29 de Mayo de 1966.

El Jefe de la pieza de artillería ordena fuego. La batalla terrestre ha comenzado. Desde la lancha cortan la soga del ancla. La embarcación comienza a moverse lentamente. Va cogiendo rumbo norte. Son informados los puestos de mando de la Fuerza Aérea y de la Marina.

A la altura de Jaimanitas y a unas diez millas de la costa, aviones de reconocimiento lanzan bombas luminosas. Las torpederas abren fuego.

Desde la lancha hay resistencia. Se produce una explosión. La embarcación comienza a hundirse. Uno de sus tripulantes: Roberto Anta, muere. Otros dos heridos son recogidos del mar. Sus nombres: Eugenio Zaldívar y Antonio (Tony) Cuesta Valle, Jefe de la operación.

Mientras tanto los dos que se han querido infiltrar pierden la vida en el tiroteo. Se llaman Herminio Díaz y Armando

Romero. El objetivo final de la incursión es un atentado contra la vida de Fidel Castro, creando las condiciones propicias a los planes de agresión de los Estados Unidos contra Cuba.

En los momentos de su captura, Cuesta, Jefe de la Organización Comandos L, es uno de los hombres que más viajes clandestinos ha realizado hasta las costas cubanas en la exfiltración e infiltración de hombres y armamentos.

LB: –¿Cómo surgió el plan de infiltración donde usted es detenido?

TC: –Estaba preparando una campaña de ataques a distintos lugares de las costas cubanas empezando por Oriente, cuando me llegó a través de Jorge Mas Canosa un pedido de la CIA para que infiltrara dos hombres en Cuba.

Desde hacía tiempo estaban tratando de infiltrarlos pero por una razón u otra siempre fallaban. Les expliqué que estábamos prácticamente desmantelados para ese tipo de trabajo. Insistieron. Decido ayudarlos pero preocupado ya que siempre aparecía una complicación o un infiltrado y daba al traste con todo.

LB: –¿Qué condición le puso?

TC: –Una sola: no se me podía suministrar un punto fijo de desembarco ya que eso podría servir para preparar cualquier tipo de celada. Me comunicaron que a los individuos que se iban a infiltrar lo único que les interesaba era que los dejaran en algún lugar comprendido entre Santa Fe y Cojímar que les permitiera después de un corto riesgo digamos medio o un kilómetro, llegar a alguna vía de comunicación donde pudieran llamar a personas que acudieran en su auxilio.

LB: –¿De dónde salieron?

TC: –Salimos de Tony Roo, Cayo Marathon, en la Florida.

LB: –¿En qué tipo de embarcación?

TC: –En una lancha de unos 23 pies del tipo V-20 con dos potentes motores.

LB: –¿A quiénes iba a infiltrar?

TC: –Los hombres que íbamos a infiltrar eran Herminio Díaz y Armando Romero.

LB: –¿Qué misión traían?

TC: –Asesinar a Fidel Castro.

LB: –¿Usted tenía amistad con ellos?

TC: –Al que más conocía era a Herminio. Era un hombre que Mas Canosa empleaba en trabajos 'sucios'. También mantenía estrechas relaciones con la mafia. Estaba considerado un buen tirador.

LB: –¿Díaz le planteó algo?

TC: –En la travesía me dijo que quería estar en La Habana antes de las once de la noche pues la fachada que utilizarían era de dos aficionados que habrían salido de un juego de pelota. Recuerdo que me comentó que detrás de su misión había gente que tenían muchos billetes.

LB: –¿Por qué seleccionó Monte Barreto?

TC: –Mi plan era desembarcarlos por el río Las Casas en Santa Fe. Al llegar allí vi algunos barcos. Desistí de tales propósitos. Puse proa a la playa de Viriato pero también había personas mirando al mar. Pensé que estaban vigilando.

Continué viaje hacia el Náutico. Rechacé la idea de dejarlos ahí pues conocía que el reparto tiene una sola salida. Era peligroso. Seguí por la orilla en busca de los pasillos que tienen las casas de Miramar. Pero están muy alumbrados. No quise correr riesgo. Decido ir a Monte Barreto. Al llegar anclo a unos 30 metros de la orilla. Con unos binoculares observo que todo estaba tranquilo. Después de permanecer diez minutos varados ordeno a Anta que se tire al agua para que haga un reconocimiento de la orilla. A los pocos minutos regresó y me dijo que todo estaba tranquilo.

Lanzo una balsa de goma. En su interior van Herminio y Romero vestidos de civil. Llevan puestas gorras de peloteros. Anta y Zaldívar se tiran al agua e impulsan la balsa que está amarrada por una fuerte soga a la lancha, hasta la orilla.

Acordamos un estimado de 20 a 30 minutos de espera. A través de walkie talkie se comunicaron conmigo. Antes de marcharnos del lugar dejaríamos en la orilla dos cohetes autopropulsados para que estallaran dos horas más tarde con fines de propaganda.

LB: –¿Qué tipo de armamento llevaban?

TC: –Una subametralladora UZI, una subametralladora M-3 con silenciador, una pistola Veretta calibre 7.65 con silenciador, una carabina M-2 sin culatín recortado, cuatro bloques de C-4 marca M–5, seis bloques de TNT, siete lapiceros detonadores de tiempo, dos pistolas calibre 32 mm. con silenciador, dos pistolas Browning de 9 mm. adaptadas a ráfagas, las cuales llevaban en la cintura Díaz y Romero y cargadores con 500 tiros.

LB: –¿Quién les proporcionó ese armamento?

TC: –Su contacto de la CIA.

LB: –¿En ese lapso qué ocurrió?

TC: –En espera del tiempo señalado para la retirada siento que hacen fuego con un cuatro bocas que estaba emplazado al oeste del Monte Barreto. Pienso eso porque en el reconocimiento visual no la divisé.

Corto inmediatamente la soga del ancla y la que sujeta a la balsa. No puedo moverme por el intenso tiroteo. Poco a poco empiezo a navegar. Anta y Zaldívar logran regresar a la lancha. Me doy cuenta que las cuatrobocas no bajan más el tiro. Empiezo a retirarme por la orilla hacia el Hotel Comodoro. De ahí pongo rumbo Norte. Al llegar cerca de Jaimanitas se formó el acabóse.

LB: −¿La noche de la infiltración fue la peor de su vida?

TC: −Si supieras, no. Porque esa noche estaba en el fragor del combate. Me explotó una granada. Me tiré al mar a morir. Los marinos me sacaron del agua. Perdí el conocimiento. La noche más mala fue cuando días después, al despertar, seguía siendo de noche porque estaba ciego. Noté que me faltaba el brazo izquierdo. Escuché voces que no eran las de mis amigos. Me percaté de que estaba en manos de mis enemigos y eran precisamente ellos, mis enemigos, los que luchaban por salvarme la vida. Y me la salvaron.

Esas y otras operaciones conocidas en el exilio y por el régimen castrista, lo convertían en un combatiente consumado. Yo tenía los conocimientos aprendidos en mis 10 años haciendo operaciones con la CIA y el entrenamiento de inteligencia recibido en esa organización. Unidos, junto con un buen grupo de colaboradores que operaban con él, comenzamos a planear y a ejecutar actividades con el firme propósito de combatir al castrismo. Comandos L había sido formado y organizado por Tony Cuesta desde la década de 1960. Nació cuando él se retiró de Alpha 66, por desavenencias con Sargén, Gutiérrez Menoyo y Veciana. Su enfoque consideraba al pueblo de Cuba, dividido por la voluntad de un tirano, pero no separado. Es decir, todos somos cubanos y como cubanos estamos unidos. Por eso la lucha había que hacerla para el pueblo. La generación nuestra era la máxima responsable de la traición de Castro, por lo tanto, nosotros teníamos que jugar un papel principal en el derrocamiento del tirano. La conducta del pueblo americano se consideró como producto de un olvido de las obligaciones que habían adquirido con el pueblo cubano pero no lo creía una traición.

Cuando me integré a colaborar en la organización, Comandos L acababa de realizar una operación de infiltración en la cual tres hombres desembarcaron en algún lugar cerca de la ciudad de Cárdenas, en la provincia de Matanzas. Colaboraron en esa operación, Cira, Tony Bryan, Ramón Font, Felipito, Eusebio Córdoba y una periodista americana, Dee Rivers. En un barco pesquero consiguieron llegar, usando una balsa, los infiltrados. Después de unos días de infiltrados, los tres fueron capturados y sometidos a juicio criminal. Díaz Betancourt fue condenado a muerte y fusilado. Santovenia y Pedroso fueron condenados a 30 años de prisión. Se rumoró en Miami, que después de desembarcar, los infiltrados se escondieron hasta que hicieron contacto con alguien conocido de Betancourt, que los delató.

Antes de esta acción, Comandos L realizó 2 ó 3 operaciones, en las que aprovechando los vientos y la dirección de los mismos, enviaban a la isla unos globos que contenían mensajes para el pueblo, así como cuchillas de afeitar y paquetes de café.

Después de la operación de Cárdenas, se compró una lancha de unos 23 pies de eslora que podía navegar a unos 40 nudos de velocidad por hora. Con esta lancha se comenzaron a planear y a ejecutar operaciones de ataque a las costas de Cuba. Desde luego, hubo algunos problemas que tuvimos que superar. Uno de ellos era el de proveer el combustible necesario para que la embarcación pudiera llegar a las costas cubanas, realizar la acción y tener gasolina suficiente para regresar. La capacidad del tanque que tenía la nave, sólo podía suministrar para el viaje de ida. Había dos soluciones: una era cargar bidones de gasolina acomodados dentro de la lancha; esto le restaba movimiento al personal de la operación. La otra solución, que fue la que se tomó, era construir otro tanque que podía tener la misma o mayor capacidad de combustible que el original. Un amigo de Tony Cuesta, que tenía un taller donde entre otras cosas fabricaba esos tanques, nos dio la solución. El hombre hizo un tanque de la misma capacidad que el que tenía, usando un espacio debajo de los asientos de popa. También preparó un dispositivo por medio del cual cada tanque tenía su toma de gasolina y cuando uno se vaciaba, se cambiaba para el otro. De esa manera, para el viaje a la isla se usaba un tanque y cuando se terminaba se pasaba al otro sin problemas.

Para operar teníamos que buscar una base o inventar un lugar donde realizar las operaciones. Como no teníamos una base, inventamos un método de actuar sin ella. Para esto salimos a buscar un lugar en los cayos desde el cual pudiéramos operar sin llamar la atención. Entre Marathon y Big Pine Key, encontramos un parque de trailers que tenía una rampa para bajar y subir los botes del agua. Para usar esa rampa había que pagar una cantidad pequeña. Esa rampa era usada generalmente por gente del parque y por otras personas que llegaban con sus botes, pagaban y se iban a pescar o a pasear. Nadie averiguaba quién eras ni qué ibas a hacer. Entre los inquilinos del parque habían bastantes cubanos. Uno de los miembros de la organización había alquilado un trailer y tenía un barquito que usaba para pescar y pasear. En una o dos ocasiones nos sirvió para transportar las armas y entregarlas en el mar a los que iban a hacer la operación. Antes de hacer la acción, comenzábamos una actividad para recaudar los fondos necesarios para los gastos. Una operación exigía una recaudación de unos $10,000 para efectuarla: arreglos y preparación de la lancha, combustible, armas, explosivos y equipos, alimentos y otros gastos más que siempre se presentaban.

Para transportar la lancha se montaba en un trailer y se remolcaba por un vehículo que la pudiera sostener sin peligro alguno de volcarse. Las armas que se iban a llevar para la operación se ponían en el baúl de un carro particular. Así, si la lancha por algún motivo era detenida en el camino, no encontrarían nada sospechoso. A la entrada del Trailer Park, la lancha remolcada y el carro donde iban las armas, parqueaban y se hacía un traslado de las armas para la lancha. Dos días antes de la operación, los participantes eran trasladados a una finca, propiedad de un miembro de la organización, en la que teníamos un trailer para alojarnos. Durante ese tiempo estaban totalmente incomunicados, sólo tenían contacto con personal autorizado. En el parque, bajábamos la lancha por la rampa en horas de la caída de la tarde. Iban de pesca toda la noche. Así que llevaban avíos de pesca también. Dos o tres miembros de la organización nos quedábamos en tierra por toda la noche. Alquilábamos una habitación en un motel del área y sintonizábamos la radio de Cuba para ver si daban alguna noticia que nos interesara. A las siete de la mañana regresábamos al Trailer Park para esperar el regreso de la lancha. El término de duración de la operación era de una noche. Tratar de realizar alguna acción y regresar a la Florida. Cuando arribaban, recogíamos las armas y las transportábamos en el carro particular. La lancha regresaba en su remolque.

Ataque al Hotel Meliá en Varadero

¿En cuántas operaciones estuve envuelto durante casi dos años? Yo diría unas 4 o 5. En casi todas tuvimos problemas que impidieron realizar con éxito el objetivo. Hubo tres que tuvieron repercusión pública cuando se realizaron. Una fue la infiltración de Díaz Betancourt, Santovenia y Pedroso en Cárdenas, con el resultado mencionado; otra la del ataque al Hotel Meliá en Varadero. En esta operación participaron tres hombres: Casasús, Miguel Hernández y Jesús Areces. Llevaron unos cohetes con unos tubos para dispararlos, diseñados para hacer más ruido que otra cosa. Los lanzaron contra el hotel, creo eran unos 10 cohetes. Además, hicieron fuego a las paredes con los rifles que portaban. El efecto de esta acción fue más bien propagandístico ya que no hubo lesionados. Los turistas que se encontraban en el hotel hicieron posible que la acción circulara por el mundo entero, ya que el castrismo no pudo evitar la propagación de la noticia. Además, paró el tráfico turístico a Cuba por un tiempo. Los actores de la acción regresaron a Miami sin confrontar problema alguno, ni en Cuba ni en los Estados Unidos. Nadie sabía quienes habían cometido el ataque, si fueron personas del interior o del exterior del país. El misterio se descubrió cuando dos días después, Tony Cuesta convocó a una conferencia de prensa y asumió con Comandos L, la responsabilidad del ataque al Hotel Meliá.

Operación con Tony Bryan

En otra operación, en la que participó Tony Bryan, cuando se acercaron a la costa en La Habana, para atacar un objetivo, chocaron con un arrecife y se le hizo un hueco a la lancha y comenzó a entrarle agua. Lograron salir y navegar unas millas afuera pero la situación se les hizo crítica. Tony Bryan decidió pedirle asistencia urgente a los guardacostas americanos. Cuando le respondieron y se acercaron, le dijeron que no podían entrar a rescatarlos porque estaban dentro del límite, las 15 millas de las aguas territoriales cubanas. Los patrulleros cubanos se acercaban al lugar también. A una urgencia de Bryan, parece que el guardacostas americano consultó el caso con alguna autoridad que le dio el permiso para que rescatara la lancha, ya que se trataba de una embarcación matriculada en la Florida. Los cubanos se negaron a aceptar esa intromisión. Pero una vez que los americanos recibieron la autorización, entraron en aguas cubanas y rescataron la lancha con los hombres de los Comandos L. La lancha tenía un boquete de consideración y tuvo que ser remolcada a los cayos de la Florida. El guardacostas devolvió la lancha pero incautó las armas y equipos que llevaban. Entre los objetos que tenían, había una cámara de sacar películas que Tony Cuesta sugirió llevar para que tomaran películas de la acción, que no se llegó a realizar. En una toma de la cinta, aparecía Tony Bryan empuñando un rifle. Esto trajo un gran problema posteriormente. Tony Bryan había venido junto con Tony Cuesta cuando salió de la prisión en Cuba. Bryan tenía una acusación muy seria en este país, ya que había secuestrado un avión de pasajeros y lo había llevado a Cuba. Gracias a la intervención de Cuesta y otras personas que declararon en su favor, pudo obtener que se le concediera una condición de probatoria y salir para la calle. Entre las condiciones de esa probatoria estaba la prohibición de portar armas, so pena de ser encarcelado de inmediato. Lo arrestaron y enviaron a prisión sin fianza, para ser sometido a juicio en los tribunales. Comandos L se tuvo que movilizar para tratar de obtener su absolución, quedando suspendidas todas las operaciones durante todo ese tiempo. Se contrató al abogado Ellis Rubin, quien se hizo cargo de la defensa de Bryan, y quien de forma brillante, logró obtener una resolución por el Juez Federal, que le permitió a Bryan salir de la cárcel.

Todo lo anterior sucedió en medio de una enfermedad que en poco tiempo acabó con la vida de Tony Cuesta. Las operaciones que se hicieron durante este período y antes de la muerte de Cuesta, fueron hechas con recursos limitados pues las promesas que le hicieron a Cuesta de ayuda importante nunca se cumplieron. Las condiciones para realizarlas eran precarias. No había base para entrenar ni para facilitar la operación. No teníamos lugar para entrenar adecuadamente a los hombres. Para aprender a navegar, un viejo marino, el Capitán Vila, le dio lecciones unos días. Las armas y los explosivos para conseguirlos era bastante difícil. Una calibre 50 portátil que se compró en California y que cuesta más de $6,000.00, tuvieron que tirarla al mar en una operación donde los guardacostas americanos se acercaron a la lancha. Yo creo que los hombres que intervinieron en esas operaciones, así como su dirigente Tony Cuesta, se merecen el más grande reconocimiento por el valor y el patriotismo con que se lanzaban a realizar estas acciones.

Planes de comandos

Uno de los miembros de Comandos L había hecho un contacto importante con un industrial dominicano que manejaba un negocio de exportación a los Estados Unidos. Tony Cuesta y yo habíamos estado trabajando en un plan de mayor empeño desde hacía un tiempo, y que pensábamos que de ser posible efectuarlo, se podía conseguir el recurso económico para su realización. En ese plan, jugaba un papel importante Santo Domingo. Nos pusimos en contacto con ese industrial dominicano y después de algunas conversaciones, se convirtió en un simpatizante de nuestra causa y enseguida nos brindó su ayuda. Con dos miembros de la organización me trasladé junto con el dominicano a Santo Domingo. Estuvimos alojados en un aparta-mento de su propiedad en una zona residencial exclusiva de la ciudad. Al día siguiente de nuestra llegada, partimos en viaje por carretera hacia la ciudad de Montecristi. Antes de llegar a Montecristi, estuvimos en una residencia campestre en una finca propiedad de nuestro amigo, donde visitamos una nave grande en la cual trabajaba un grupo numeroso de personas empacando viandas y productos que él vendía exportando a una ciudad americana. En Montecristi y en Barahona, hicimos contacto con autoridades locales, utilizando el pretexto de presuntos inversionistas interesados en hacer negocios de pesca en esa zona. Las dos ciudades, una en el Norte del país y la otra en el Sur, quedaban a corta distancia de Cuba. Esta localización nos acomodaba para el proyecto que teníamos planeado y que iba a consistir en ataques que pensábamos realizar por el Norte y Sur de Cuba. Todo parecía muy bien. El problema surgió cuando comenzamos a tratar de conseguir los recursos económicos. El exilio cubano rehusó una vez más financiar una operación importante. Los magnates cubanos del exilio, que fueron contactados por Tony Cuesta y otros miembros de la organización, y que declaraban constantemente que sólo colaborarían si se les presentaba un plan viable, se rajaron sin entrar a considerar ningún planteamiento.

Cuando estábamos realizando las gestiones para obtener recursos para el plan de Santo Domingo, nos tomó por sorpresa la enfermedad fulminante de Tony Cuesta. Parece que Tony, aún cuando se sentía grave, no quiso comunicar nada de su padecimiento y cuando la enfermedad hizo crisis, resultó todo muy tardío para salvarlo. Murió sin ver realizados sus deseos de liberación de la Patria. Fue una verdadera leyenda de nuestras luchas. Un patriota con una valentía y coraje digno de un verdadero Titán de Acero. Así lo llamé en un escrito que en su memoria escribí para *El Miami Herald* en español. El pueblo entero del exilio se volcó en horas de duelo durante sus funerales. La Patria perdió uno de sus más honestos y mejores baluartes de esta lucha. Los que estábamos a su lado tratamos de mantener la organización y continuar las acciones. Pero el vacío era grande y ninguno de nosotros logró mantener la marcha.

Operación de homenaje póstumo a tony Cuesta

Planeamos una operación como homenaje póstumo a Cuesta. Tony Bryan junto con la viuda de Tony, María, partieron para Nueva York, donde en entrevistas y actos que promovieron lograron conseguir un barco y algún dinero para esa operación. El barco, un bote como de unos 24 pies de eslora y al cual le llamamos el «Bolo», por su forma ancha de popa, no era el ideal para este tipo de operaciones, pero nos habían confiscado la lancha con que operábamos anteriormente y este era el único medio que teníamos a nuestro alcance. Era un yate pequeño de recreo y como tal tenía camarotes, baños y facilidades para disfrutar de estancias en el mar. No alcanzaba los 20 nudos de velocidad, tenía un solo motor y un tanque de gasolina limitado para un viaje de una sola vía a Cuba. Con el dinero recaudado comenzamos a habilitarlo. Le construimos un tanque adicional para llevar gasolina suficiente para ir y venir. Le pusimos una propela nueva para ver si aumentaba la velocidad. Se compró un radar económico pero de alcance suficiente para nuestro objetivo. Como el Bolo era ancho y yo podía acomodarme en su interior, decidí ir en la operación. La tripulación la integramos: Miguel, su hijo Pipiolo, Areces y yo. Teníamos un bote de aluminio de unos 10 pies de eslora, que Cuesta había comprado antes y que lo íbamos a utilizar como proyectil, cargado de explosivos, para meterlo en la Bahía de La Habana con un dispositivo para que cuando chocara con algún barco u otro objeto cualquiera explotara. Pensábamos que en ese lugar siempre alcanzaría tocar algo importante. Para la operación, conseguimos un artefacto que hacía de timón automático, de tal forma, que una vez que le pusiéramos un rumbo fijo, sin que nadie lo manejara, navegaría por sí solo hasta chocar con algún objetivo. Una persona tenía que subirse al bote, arrancar el motor, ponerle el rumbo y tirarse al agua, dejando que él solo navegara. Estuvimos practicando la operación unos días en Crandon Park. Cuando estábamos bastante familiarizados de cómo operarlo, nos preparamos para realizarla.

El 2 de Junio de 1993, seis meses después de la muerte de Tony Cuesta, salimos desde Cayo Maratón en el Bolo, con el bote de aluminio acostado en la proa. Había una marejada un poco fuerte pero por radio habíamos escuchado que el pronóstico anunciaba que más tarde iba a mejorar considerablemente. No sucedió así. Pero se habían realizado los gastos y decidimos seguir navegando. En Cayo Maratón se quedaron esperando, Cira, Tony Bryan y Pedro. Pedro, que residía en Maratón, tenía una planta de radio aficionados en su casa y planeaba monitorear a Cuba para enterarse de alguna noticia que dieran. Pedro nos había mencionado que Cuba tenía un aparato para inutilizar el radar y no dejarle percibir señal alguna. Este argumento a mí no me parecía correcto porque en el tiempo que yo hacía operaciones a Cuba, nunca tuvimos interferencia con nuestros radares. No se si esto funcionaba para un área de Cuba solamente, pero lo cierto fue que cuando navegábamos, calculo yo como a unas 30 ó 35 millas de las costas de la isla, el radar fue completamente interferido. Sin saber a qué distancia estábamos de Cuba, seguimos avanzando. La marejada se mantenía fuerte. Comenzamos a percibir una claridad a distancia, como reflejos de luces. Un pájaro cayó volando encima del bote de aluminio, como una señal de que estábamos cerca de tierra. El propósito nuestro era acercarnos lo más posible a la entrada de la Bahía de La Habana, soltar el bote con los explosivos y regresar a Cayo Maratón. Desde que empezó a oscurecer le pedí a Miguel, que era el que manejaba el bote, que encendiera todas las luces para entrar con ellas encendidas. Como no estaban muy de acuerdo con esta sugerencia, les expliqué que Cuesta y yo habíamos estudiado la posibilidad de realizar las operaciones de esa manera y habíamos concluido que eso engañaría a nuestros enemigos y facilitaría la operación. Una embarcación con las luces encendidas, no era lo indicado para realizar una acción clandestina. Cuando avanzábamos despacio, Areces me indicó que había una luz que se movía como siguiéndonos. Le dije a Miguel que siguiera avanzando a la misma velocidad y que vigilaran si la luz nos seguía todavía. Areces comenzó a apagar algunas de las luces encendidas. En ese momento, la lucesita se convirtió en una cantidad de luces que iluminaban una fragata naval, a una distancia de unos cuantos metros. Nos quedamos sorprendidos. En unos segundos teníamos que decidir qué acción tomar. Mi primera reacción fue bajar el bote y soltárselo. La marejada seguía brava y había grandes posibilidades de que ese pequeño bote no pudiera batirse con esa marejada. La operación requería que el Pipiolo se subiera al bote después de lanzarlo al agua, encendiera el motor, le pusiera el rumbo y se tirara al mar con el salvavidas que tenía para que nosotros lo recogiéramos. Consulté con Miguel y los demás. Todos tenían duda de si con esa marejada pudiéramos hacer todo el procedimiento. La fragata no se acercaba pero se mantenía siguiéndonos. Le dije a Miguel que pusiera rumbo Norte y que empezara a navegar despacio. Nos preparamos para si el barco se acercaba, soltarle el bote como defensa. Así navegamos unas 15 millas mar afuera. La fragata nos siguió hasta esa distancia. A las 15 millas dio la vuelta y se alejó para Cuba. Nosotros seguimos hacia Maratón.

Los que se habían quedado en Maratón, nos informaron cuando llegamos, que oyeron una transmisión de la radio de Cuba en la que decían de una lancha que rondaba cerca de Cojimar, que tenían las luces encendidas pero que no contestaban el radio; que parecía que estaban extraviados. Así terminó la última operación de Comandos L.

Estas operaciones en que los vehículos para atacar o para infiltrarse, tienen que salir desde las costas americanas, sin un barco Madre que las lleve, fracasan en un 95 % de las veces en que se intentan. El deseo de hacer algo es muy grande pero no tienen un sentido práctico y el riesgo personal, además del fracaso casi seguro, es demasiado grande. Sin barco Madre, equipos adecuados y gente profesional que los maneje, no deberían seguirse haciendo. Esas operaciones y esos planes tienen que hacerse de manera más sofisticada y con los recursos necesarios para que puedan mantenerse eficientemente.

Han pasado los años y aún se mantiene el deseo de retornar a algún tipo de acción que nos devuelva la libertad de nuestra patria. Los cubanos que de alguna manera estuvimos envueltos en estas luchas, esperan otra oportunidad y se resisten a aceptar la derrota total. Después de todo, ésta ha sido una guerra comenzada y llevada a efecto por nuestra generación. Nosotros fuimos los principales actores afectados por el castrocomunismo. Ese protagonismo nos mueve a tratar de seguir la guerra en cualquier fase o terreno donde se desarrolle. Sólo la muerte logrará disponer de ese propósito.

En la foto, Tony cuesta, revisando un barco de Comandos L.

CONCLUSIONES

E l exilio cubano es un pueblo expulsado del pasado y un pueblo expulsado del futuro. Perdimos lo que vivimos en una Cuba feliz y próspera. Estamos perdiendo de participar del futuro que pudiera presentarse mañana. El pasado que recordamos nos llena de nostalgia, enterrados en los recuerdos, viviendo en la angustia del presente. El futuro es extremadamente dudoso para que podamos catalogarlo en este momento de actualidad. Después de más de 40 años de edades agregadas, luchando por sobrevivir y mantenernos en un país ajeno; las ilusiones de volver, de reconstruir lo dañado, parecen tan lejanas que para alcanzarlas y poder llegar a ellas, sólo un milagro pinta real. Hemos sido derrotados pero no vencidos. Una, dos o más derrotas pueden producirse pero eso no es decisivo para vencer el ansia, el deseo y la voluntad vertical de recuperarse y tratar una, dos, cien veces más, de llevar a la arena del combate a nuestros enemigos usurpadores. La palabra final de nuestros combatientes es sólo una: regreso a la lucha por Cuba; derrota del castrocomunismo; restauración de nuestros derechos y libertades, dentro de una verdadera democracia. Físicamente nuestras facultades, debido a nuestros años, han disminuido pero ¿quiere esto decir que estamos fuera de toda consideración en el panorama del caso cubano? ¡No! Yo creo que todavía disponemos de un mundo de ideas; de una fuerza y un coraje interior que nos da la potencia necesaria para ser parte importante de futuros intentos. La guerra que libramos fue cruenta y sin cuartel. Pero sobre todo fue sensible. Se libró cubanos contra cubanos. En muchas ocasiones, hermanos contra hermanos; padres contra hijos; amigos y socios contra amigos y socios. Esto la hizo más amarga. Las víctimas tuvieron lazos de alguna extracción con sus victimarios. Nos ha enseñado mucho y nos ha dado mucha experiencia.

Lo triste es que todo este andamiaje fue tramado y planeado por un asesino dedicado a la intriga política y con un ansia de poder inconmensurable. Esta lucha fue necesaria y, todavía hoy, desgraciadamente es necesaria. No podemos ni debemos sustraernos a ella. El tirano que se apoderó de la isla y la desgobierna, no claudicará voluntariamente, mientras las tácticas que se están utilizando para destronarlo no contengan un empeño bélico demostrado. No importa el tipo de gestiones que se produzcan: diálogos, negociaciones, reuniones o cualquier otra vía que se emplee. Deberá llevar aparejada una amenaza positiva de acción real bélica que la respalde, es la única forma que ese energúmeno, que no entiende de palabras que no sean las que él dirige, acceda a tramitar una salida. Hay que buscar tácticas nuevas. Producir hechos que lo convenzan y lo obliguen a respetar los temas en discusión. Tiene que admitir, aceptar y reconocer a los que le reclaman esa libertad. El camino no es fácil pero no es intransitable.

¿Qué podemos hacer? Creo que el primer paso sería organizarnos de manera que demuestre credibilidad para el cubano. El exilio y la causa cubana necesitan una dirigencia formada por personas que han estado involucradas directamente en la lucha bélica contra el régimen. No importa en qué fase ni en qué tiempo. Estas personas por sus antecedentes y avales, le darían fortaleza a las argumentaciones que se empleen para el proceso que se utilice. El enfrentamiento con los detractores de la causa, además de la firmeza necesaria, debe llevar como aval el historial del argumentista. Los combatientes que formarían ese organismo dirigente, deberán tener el apoyo, respaldo y respeto de una gran mayoría del exilio. Una vez constituido ese cuerpo ejecutivo, deberá iniciarse una campaña dedicada a obtener los fondos necesarios para desarrollar actuaciones posteriores. Mientras no se obtengan los numerarios que permitan actuar, no deberá efectuarse proceso alguno. Funcionar sin una economía suficiente, paralizaría todos los planes y gestiones futuras, llevando a los hombres y a la organización al ridículo. Cuando los fondos respondan a las actividades proyectadas, deberá presentarse un plan para operar una propaganda capaz de confrontar la del régimen castrocomunista. El tirano nos ha estado ganando la guerra debido a la propaganda, que sabemos llena de mentiras, pero la hace profusa y diseminadamente, distribuida en lugares, pueblos y naciones. Esa propaganda lo presenta como un Mesías y al exilio y la oposición interna como unos desalmados, terroristas y todo tipo de improperios, que al no tener una respuesta adecuada, dejan fácilmente en la mente ajena una impresión favorable para ellos y de repulsa y crítica amarga para nosotros.

Esa dirigencia deberá designar a las personas capacitadas e idóneas para llevar adelante esas campañas de recaudación y de propaganda. Junto a esas dos gestiones principales, deberá iniciarse, paralelamente, un estudio y confección de un plan de acción para combatir al régimen en cualquier lugar del exterior donde traten de manifestarse. También deberá contemplarse el modo de llevar la lucha al interior de Cuba. Fomentar actividades que deberán realizarse de acuerdo con las posibilidades que se presenten en lugares como: diálogos, negociaciones, conferencias, actos culturales, deportivos, enfrentamientos civiles, enfrentamientos bélicos y en todo evento donde se pueda poner en evidencia la ilegitimidad del régimen, así como el carácter tiránico del mismo. Todo procedimiento que se pueda utilizar para obtener el derrocamiento del castrismo deberá ser considerado. Para lo cual, la dirigencia deberá tener la facultad necesaria para poder usar las personas y los medios que se precisen para proceder a alcanzar los objetivos requeridos. La responsabilidad patriótica dignamente manifestada será la condición primordial para esas actividades.

Existen dos situaciones que tenemos que considerar y las cuales son fundamentales para cualquier solución que se busque en el caso de la problemática cubana: 1- el pueblo cubano de la isla, 2- los americanos. Para analizar la situación que presenta el pueblo de intramuros, hay que sentar como primicia que esta lucha se libra y se librará para obtener la libertad de Cuba, con el derrocamiento del régimen castrocomunista que lo esclaviza y subyuga. Esta contienda no debe ni puede servir como puntal para obtener beneficios ni privilegios de clase alguna. En fin, esta guerra no debe servir para elevar protagonismos personales. Sin la intervención del cubano de adentro y la ayuda, soporte y asistencia del cubano de afuera, la batalla será muy difícil. Tenemos que contar esencialmente con la colaboración suficiente del cubano que vive en la isla. La conjunción de esos dos factores posiblemente desarrollen la fuerza decisiva que le dará el golpe final a la dictadura. Ahí también radica la posibilidad de una reconstrucción positiva y rápida de nuestro país. ¿Cómo llegar a ese pueblo? ¿Cómo estimularlo para que se levante a luchar? Este deberá ser uno de los puntos vitales que deberá contemplar el plan o los planes que se elaboren. La entrada, permanencia, recorridos que dentro del territorio nacional, legal o ilegalmente realizan contrabandistas, visitantes, turistas, intelectuales, periodistas, religiosos, políticos y otras personas, facilitan producir el contacto con ese pueblo. Estos viajeros, con conocimiento o sin él, pueden iniciar las actividades necesarias para comenzar a organizar y producir hechos que debiliten el régimen. Si se tienen los recursos económicos y el material humano disponible, las posibilidades de emprender acciones de toda categoría son viables. Esto no es nuevo. Cuando teníamos el apoyo americano, y sin el apoyo americano, en el territorio cubano se hicieron contactos clandestinos. En esa época, recuerden, no había facilidades para entrar legalmente al país. La Operación Mongoose, el clandestinaje, las guerrillas campesinas que pelearon en el Escambray, Matanzas, Pinar del Río y otras provincias, demostraron elocuentemente el deseo de luchar por su libertad del pueblo cubano. La severidad y superioridad de equipo y de personal del régimen, no fueron suficientes para atemorizar a esos valientes, que lucharon hasta donde sus recursos alcanzaron y sólo los detuvo la muerte, la prisión o el exilio.

El caso americano presenta para nuestros planes una postura difícil. Su importancia amerita una atención cuidadosa. Un apoyo, una ayuda, por pequeña que fuera, sería de gran impacto para el éxito de nuestros planes. La presencia americana en el panorama cubano viene desde muchos años pasados. Por desgracia, nunca determinaron su intervención para resolver definitivamente los problemas cubanos que se presentaron en distintas épocas. Esto acrecentó un mar de dudas en el cubano, incrementado con la política de acercamiento al régimen por parte del gobierno del presidente Clinton. Nuestro entendimiento posible con los americanos debe realizarse en un plano completamente bilateral, sin aceptar el manejo unilateral por parte de ellos. Para nosotros, poder operar nuestras misiones desde el territorio americano es de gran importancia. Además, hay un planteamiento que de ser aceptado y llevado a ejecución por las autoridades americanas, podíamos casi asegurar que sería decisivo en el problema de Cuba. Me refiero a una declaración pública de rechazo al régimen castrista y de ayuda y soporte para la eliminación del régimen. Esa colaboración abierta podría ser el final de la contienda y podría ahorrarle mucha sangre al pueblo de Cuba. Sobre todo sangre de hermanos. Por estas razones, tenemos que tener en consideración que debemos realizar negociaciones con este país, bajo acuerdos bilaterales. Ahora bien, sea cual fuere el procedimiento y los planes a seguir, las actividades tienen que depender de algo muy importante. Hay que mostrarle al régimen castrocomunista que existe una disposición firme de desarrollar y comenzar a activar acciones bélicas para derrocarlo.

Los hechos y acciones que se realizaron en la década del 60 fueron ejemplo fiel de actividades bélicas, que de haberse mantenido, financiado y aumentado por más tiempo, hubieran podido decidir el futuro con la derrota de la tiranía.

La Operación Mongoose planeada, financiada y ejecutada por órdenes del Presidente Kennedy y su administración, desde sus inicios demostró la posibilidad de estremecer al régimen de Castro. La capacidad, trabajo sostenido y conjunto esfuerzo de cubanos y americanos en esa empresa, demostró y expuso abiertamente las debilidades e incompetencia del castrocomunismo. El castrismo se sintió seriamente confrontado y reaccionó violentamente a este enfrentamiento. Requirió de sus aliados rusos el cumplimiento de los acuerdos efectuados durante la Crisis de los Misiles de 1962. El castrocomunismo estaba recibiendo una agresión que vulneraba el pacto de no agresión Kennedy-Krushov. Estimaron la decisión irrevocable del joven Presidente americano de combatir hasta obtener el derrocamiento y desaparición del régimen sangriento y tiránico castrocomunista. Girón no podía quedar inmune. Una de las soluciones para el comunismo, arriesgada pero factible, la eliminación física del Presidente Kennedy. La existencia de un fanático americano, comunista, con una mente posiblemente débil y dispuesta, facilitaron las posibilidades de llevar adelante el plan diabólico. La justificación era notable. Uno de los acuerdos pactados contemplaba la aceptación de no atacar al régimen de Cuba. Se debe haber considerado que el Presidente Kennedy no cumplió con el pacto, atacando al régimen aunque no abiertamente. Ese hecho decidió a mi entender la decisión de ejecutarlo. Castro no podía soportar que los ataques que se estaban efectuando disminuyeran su control y autoridad sobre las fuerzas militares cubanas. Dentro de las distintas ideas consideradas para castigar a Kennedy tiene que haberse considerado la de emplear para ajusticiarlo a un personaje de nacionalidad americana, ex-miembro de las fuerzas armadas americanas, confeso comunista, defector, refugiado en Rusia, casado con una rusa. Parece que de mente débil, fácil de controlar, se prestó a servir de protagonista ejecutivo de esa macabra conspiración. Lee Oswald cumplió su misión y asesinó al Presidente Kennedy.

Con la muerte de Kennedy terminó la fase agresiva, de combate de la Operación Mongoose. El Vice-Presidente Johnson, que sustituyó a Kennedy, acabó con las operaciones ofensivas. Mongoose se convirtió en una gestión meramente de actividades de inteligencia. Paralelo a esta decisión, Johnson activó y pactó con el régimen un éxodo de cubanos a través de Camarioca, en la provincia de Matanzas. También pactó los vuelos de salidas de Cuba por lo que se les llamó los Vuelos de la Libertad, que trajeron a este país a miles de cubanos. Una vez más fuimos abandonados por nuestros amigos en nuestra lucha de liberación. ¿Qué pasó? ¿Miedo al fidelocomunismo? ¿Conspiración para destruir el anhelo de libertad del exilio? ¿Entendimiento secreto entre el gobierno americano y el castrocomunismo? Yo no tengo las respuestas a estas preguntas. Sólo tengo las dudas. El precio que hemos pagado los cubanos anticomunistas ha sido muy alto. A los americanos sólo les ha afectado en su orgullo y tal vez un poco en su influencia en Latinoamérica. Ellos pueden soportar un bochorno. En definitiva, tienen todos los recursos para decidir en cualquier momento. Nosotros no tenemos nada. Sólo el deseo de continuar la lucha. Ni siquiera hemos podido obtener la colaboración y el soporte de las clases solventes del exilio cubano, a pesar de que una gran mayoría de ellos han podido obtener sus beneficios debido a las vicisitudes de la causa cubana. Yo no critico ni ataco sus logros y triunfos actuales. Al contrario, me siento feliz cada vez que escucho y me entero del éxito de un cubano en el exilio. Sólo me preocupa el olvido, la falta de atención, la escasez de preocupación y sensibilidad que el potencial económico de este exilio cubano le dedica a la causa de la libertad de Cuba. Todos se quejan de líderes falsos, débiles y corrompidos. De la poca seriedad en sus planes y acciones. De la pobre preparación para realizar sus compromisos. Alegan que muchas de las organizaciones de acción están penetradas por fidelistas. Todo eso es admisible, pero también discutible. El punto fundamental en esta actitud me parece que se produce en la conducta que últimamente ha asumido el gobierno americano. La persecución desatada por los americanos contra los activistas cubanos del exilio, basada en una supuesta acusación de terrorismo causa risa. El cubano que en el exilio aprendió y se entrenó para operar con armas y explosivos sobre todo en esta región, lo hizo bajo las instrucciones, enseñanzas y direcciones de la CIA y otras instituciones del gobierno americano. Un gobernante actual, inclinado totalmente contra el exilio combatiente, mantiene atemorizado al cubano exiliado. Pero ese no debería ser el obstáculo que paralizara la acción contra el régimen de Castro. Con el potencial de la economía cubana del exilio, una dirección de hombres que han mantenido un criterio abierto y constante de acción bélica contra el castrato, podría ser la respuesta a un verdadero enfrentamiento que decidiera el futuro de nuestra patria. Para llegar a conseguir una Cuba liberada, no podemos pensar en una decisión que determine la voluntad por las razones que fueran de un regreso o no a una Cuba libre. Eso no puede sustraernos a la obligación y el deber de contribuir a la lucha por la independencia. Al deber como cubanos de devolver a nuestra patria su soberanía y libertad. No podemos renunciarlo ni rechazarlo por conceptos baladíes. Abramos nuestros corazones. Sentémonos a meditar y reflexionar. Y lleguemos a la única conclusión real de que tenemos que dedicar todo nuestro último esfuerzo de cubanos, miembros de una generación comprometida, que tenemos que luchar, pelear y tratar, por nuestro pasado y decoro, de intentar el rescate sino para nosotros, para nuestro pueblo.

La Constitución de 1940, única legalmente efectiva en nuestro territorio, nos otorga el derecho a oponernos, combatir y pelear con las armas de ser necesario, contra gobiernos dictatoriales y tiránicos, con ideologías distintas a los fundamentos de nuestra constitución. El derecho a la guerra contra el castrato nos asiste. La guerra no convierte al cubano combatiente en terrorista. Terrorista consumado internacional y nacionalmente es Fidel Castro y su gobierno. Nosotros tenemos el derecho en nuestra declaración de guerra, de atacar y combatir al régimen en la forma y manera en que las circunstancias se produzcan. No temamos a las críticas ni a las alegaciones de terrorismo, ni de mafia que el castrato quiera colgarnos. Peleemos en todos los frentes. Hagámosle la vida imposible hasta que capitule o se rinda. El que ha asesinado, matado, encarcelado, agredido y violado todas las normas esenciales del derecho humanitario, ha sido Fidel Castro. Su mano sangrienta y totalitaria ha recorrido tres continentes. Nadie le dio el poder. Lo usurpó. Los esbirros que lo ayudaron y lo mantienen en el poder tienen su culpa que pagar. Así mantienen, con sangre y fuerza, subyugado a un pueblo completo.

El exilio tiene el deber de colaborar a que esta situación no se prolongue por más tiempo. Es la hora de actuar. No podemos seguir pensando en la posición de los americanos. Ellos saben que tenemos la razón. Si han fallado intencional o negligentemente, creo que conscientemente saben que su enemigo es el fidelato comunista. Tenemos que luchar y dar el paso al frente en esta decisión. La impotencia la ha creado la inercia. La movilización y las acciones reanudarán el camino que desde hace más de 40 años debió haber terminado con ese tirano. Con la voluntad y el esfuerzo de los cubanos de aquí y de los de allá, con la colaboración americana, Cuba volverá a ser libre y soberana.

Conferencia de prensa de Tony Cuesta. Aparecen de izquierda a derecha: Ramón Font, Enrique Bassas, Tony Cuesta y José Enrique Dausá.

ÍNDICE ONOMÁSTICO

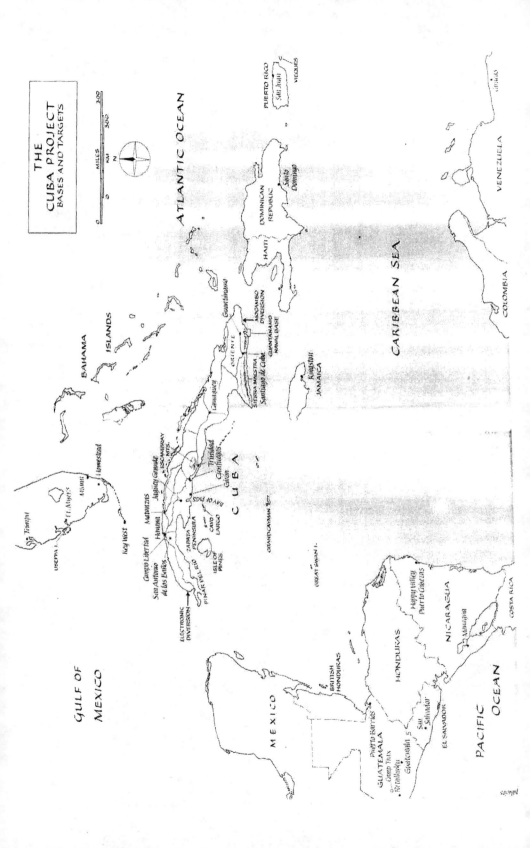

Otros libros publicados por **EDICIONES UNIVERSAL** en la
COLECCIÓN CUBA Y SUS JUECES